SHIRISH DESHPANDE

GET-SET-SKETCH!

Geheimnisse des Skizzierens mit Stift und Tinte entfesselt

First Edition

GET-SET-SKETCH!

Geheimnisse des Skizzierens mit Stift und Tinte entfesselt

SHIRISH DESHPANDE

huesandtones

https://HuesAndTones.net

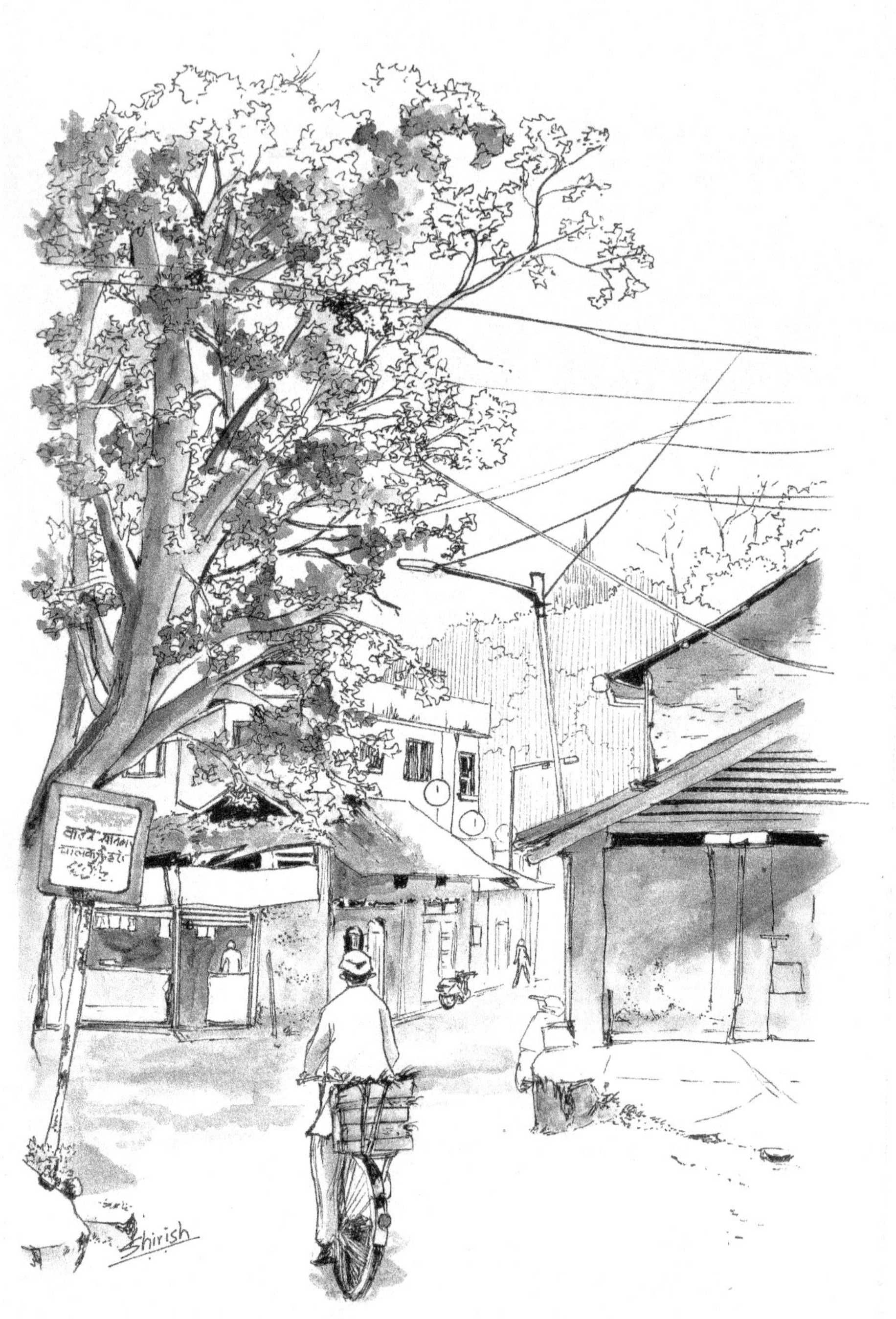
Shirish

INHALTE

EINFÜHRUNG

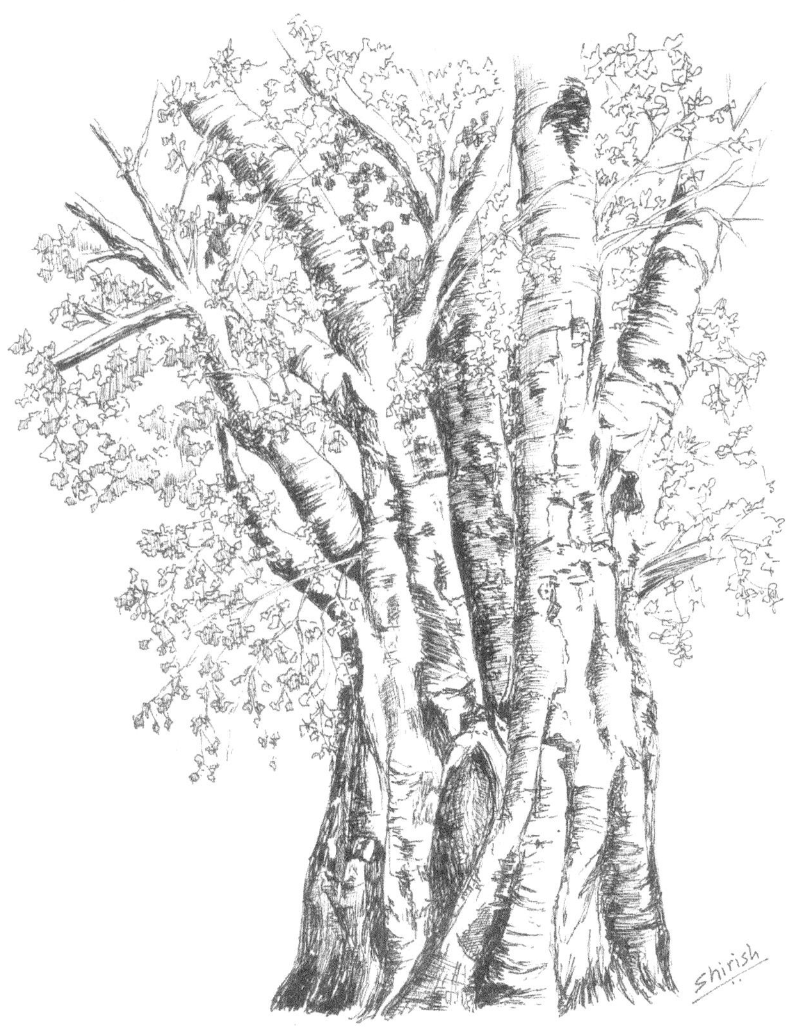

Ich bin froh, dass du es so weit geschafft hast!

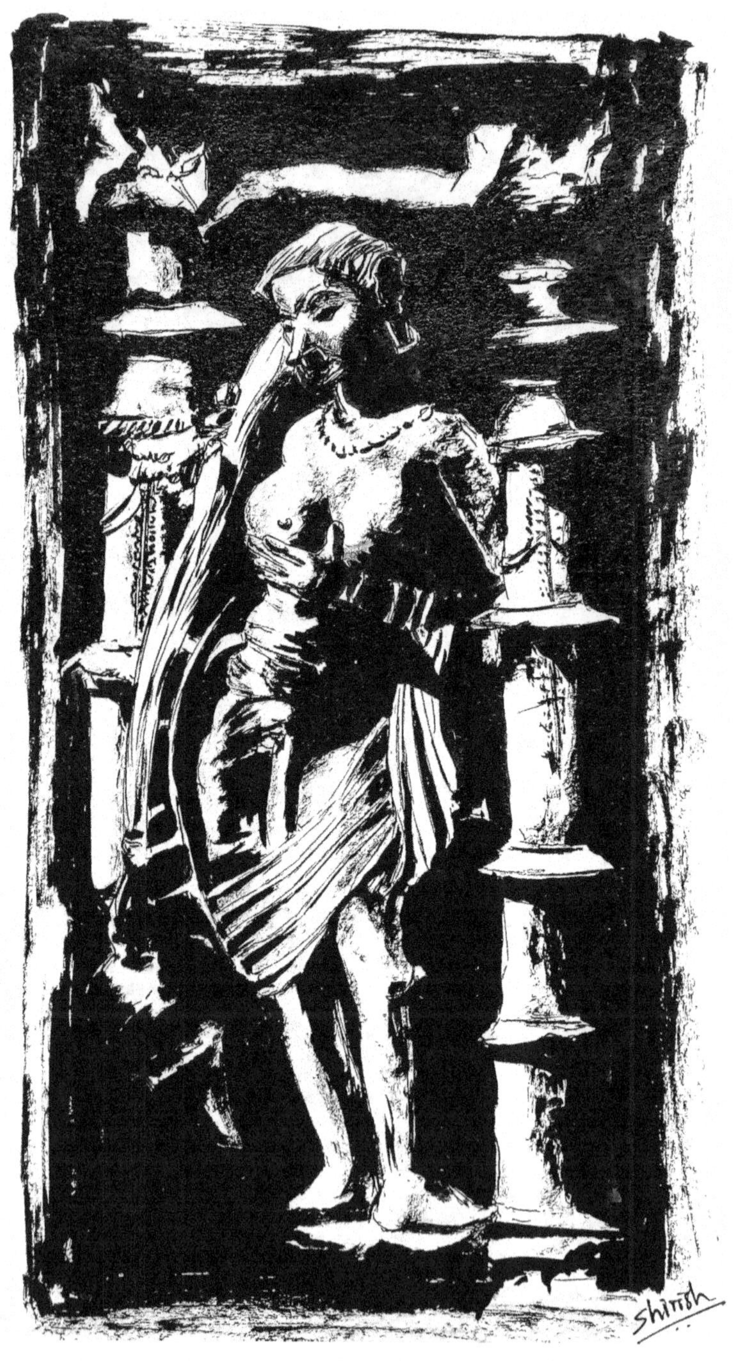

Willkommen bei „Get-Set-Sketch!", einem umfangreichen Leitfaden, mit dem du in das Erlebnis des Skizzierens mit Stift und Tinte eintauchen kannst.

Das Schöne am Skizzieren mit Stift und Tinte als Medium ist, das man es immer und überall kann! Es gibt keine lästige Nachbearbeitung, die Materialien sind (meist) erschwinglich und die Möglichkeiten sind endlos.

In diesem Buch begeben wir uns gemeinsam auf eine magische Reise durch das Reich des Erschaffens von atemberaubenden Skizzen mit Tinte.

Also, lass uns loslegen!

Für wen ist dieses Buch bestimmt?

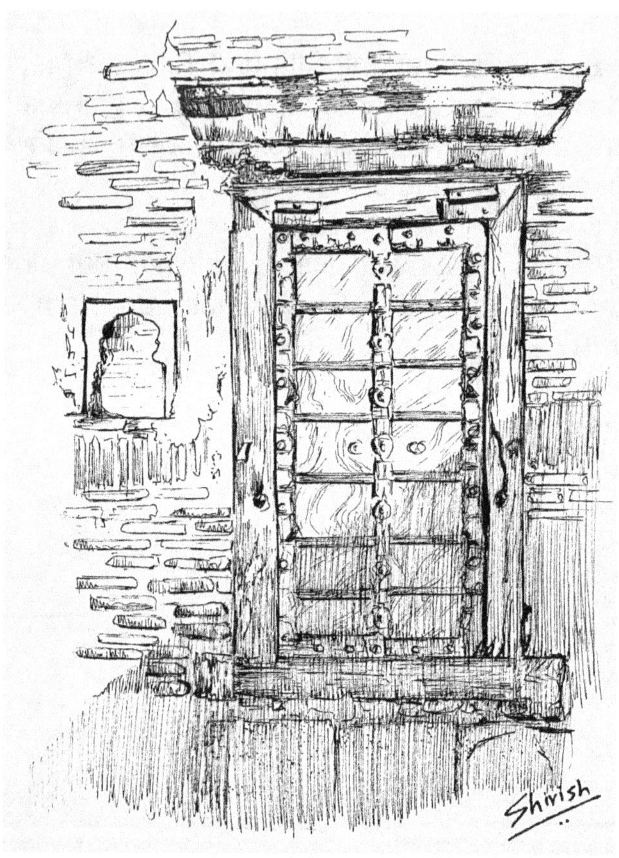

Bist du ein/e AnfängerIn in der Kunst des Skizzierens? Warst du die meiste Zeit deines Lebens weit davon entfernt, zu zeichnen?

- Bist du ein/e leidenschaftliche/r KünstlerIn, die/der seine/ihre Fähigkeiten verbessern möchte?

- Hast du Angst vor dem Skizzieren?

- Bist du schon vom Gedanken des Skizzierens begeistert?

- Bist du ein/e HobbykünstlerIn oder ein Profi?

Dann ist dieses Buch genau das richtige für dich! Ja.... für DICH!

Bevor wir anfangen

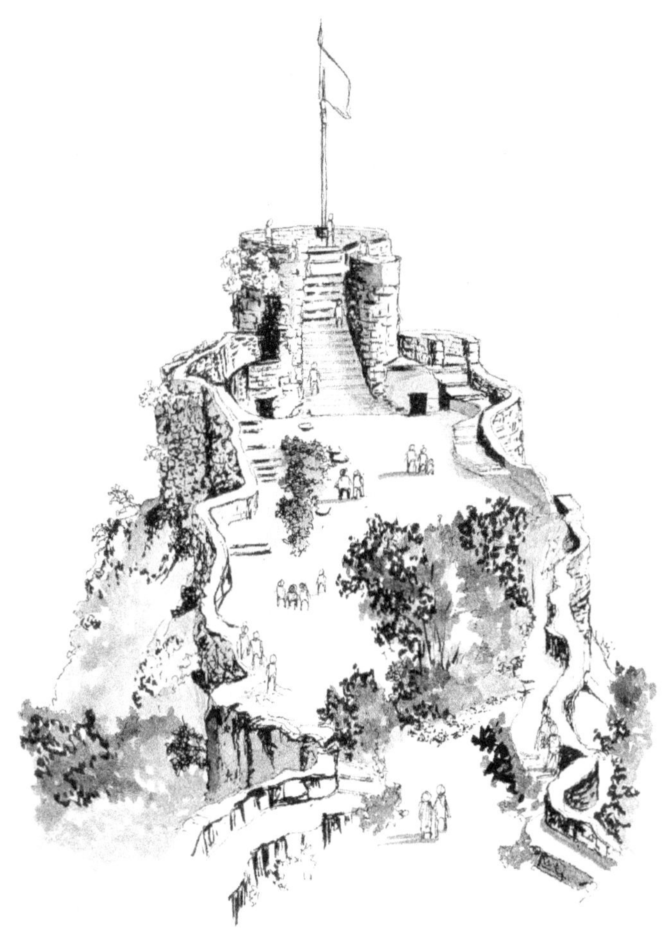

Wenn du dich von den Techniken des Skizzierens eingeschüchtert fühlst, verstehe ich dich vollkommen! Ich habe selbst erlebt, wie traditionelle Methoden und Regeln des Kunstunterrichts in Schulen die Kreativität der SchülerInnen zerstören.

Jeder von uns ist ein/e geborene/r KünstlerIn. Das Problem ist, dass die meisten Menschen diese Tatsache im Laufe ihres Lebens vergessen.

Meine Mission ist es, diese Kreativität und Liebe zur Kunst, die jeder von uns hat, wiederzubeleben.

Schließlich ist die Kunst DIE Qualität, die uns von den Tieren unterscheidet.

Was braucht man, um das Skizzieren zu lernen?

Liebe zur Kunst

- Einen offenen Geist
- Freie Phantasie
- Jede Menge Begeisterung
- Jede Menge Begeisterung und.....
- Jede Menge Begeisterung

Das Anfänger-Dilemma: Was ist eine gute Skizze?

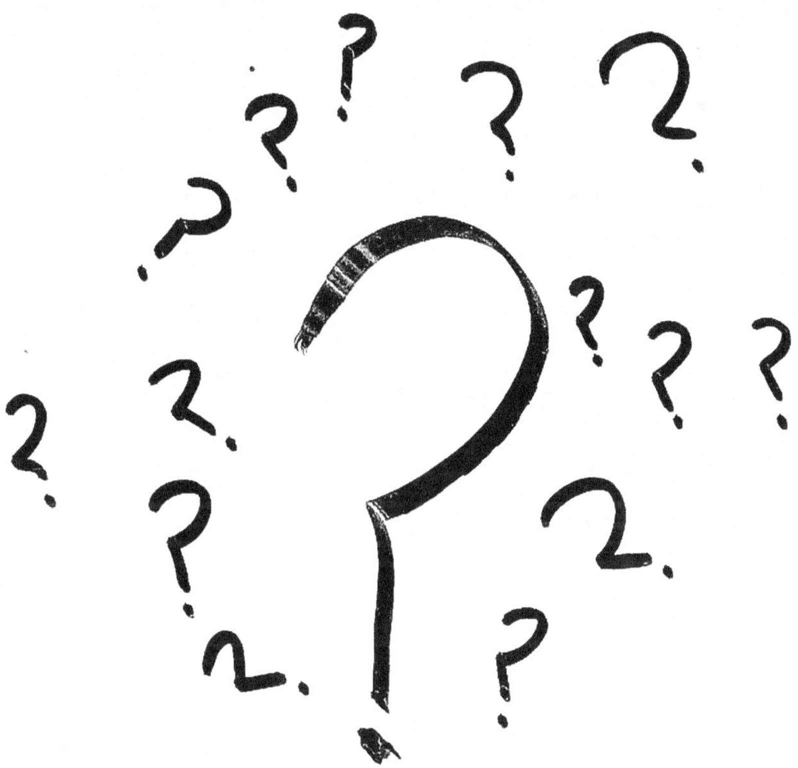

Beginnen wir mit einer grundlegenden Frage: Was ist ein gutes Kunstwerk?

Gehen wir zu einer noch grundlegenderen Ebene: Was ist Kunst?

Stell diese Frage hundert Personen und du wirst hundert Antworten erhalten. Aber eines ist sicher - Kunst ruft Gefühle in uns hervor. Diese Gefühle können glücklich, traurig, erotisch, ekstatisch, ängstlich oder sogar grotesk sein.

Jede Art von Kunstform, sei es auditiv, visuell oder sensorisch, ist nur dann ein Erfolg, wenn sie Gefühle im Publikum hervorrufen kann (hoffentlich die gleichen Gefühle, die sie hervorrufen soll!).

Kommen wir also auf unsere ursprüngliche Frage zurück: Was ist gute Kunst?

Oder, um uns dem Thema dieses Buches näher zu bringen, was ist eine gute Skizze?

Das häufigste Kompliment, das ich für meine Skizzen/Malereien bekomme, lautet ungefähr so: „Das sieht so echt aus" oder noch besser „Das sieht genau wie ein Foto aus".

Und erst kürzlich hörte ich dies: „Deine Skizzen machen einer Kamera ernsthafte Konkurrenz!"

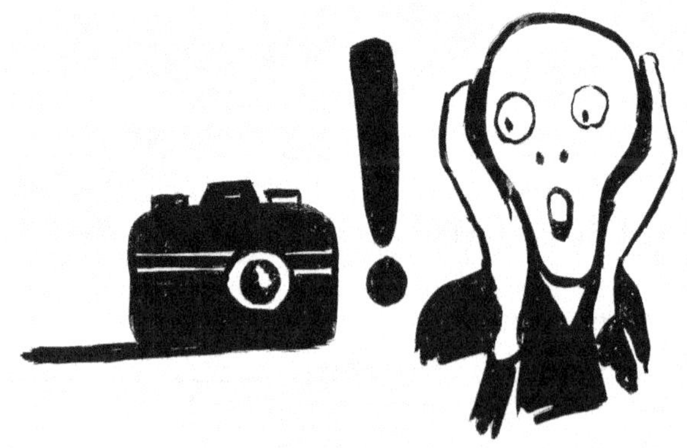

Ernsthaft???

Diese Art von Kommentaren lassen mich erschaudern!

Warum?

Denn, obwohl die Absichten dieser Gratulanten edel sind, beleidigen sie unwissentlich meine Skizzen.

Eine Skizze ist niemals dazu gedacht, die Realität nachzuahmen. Dafür haben wir Kameras!

Eine Skizze soll die Realität verbessern. Eine Skizze ist ein eindeutiger Ausdruck der/des Skizzierenden zu einem Thema.

Ein/e FotografIn hat nur Kontrolle darüber, was die Kamera sieht und aufnimmt. Und er/sie kann das Foto später verbessern und Elemente hinzufügen/entfernen, wenn sie dem Zweck entsprechen.

Ein/e SkizziererIn dagegen hat die Freiheit, bereits in der Entstehungsphase die Elemente selbst auszuwählen, die sie/er in die Skizze integrieren möchte.

Ein/Eine SkizziererIn hat sogar die Freiheit, nur einen Teil einer Szene zu skizzieren und die Skizze als fertig zu erklären.

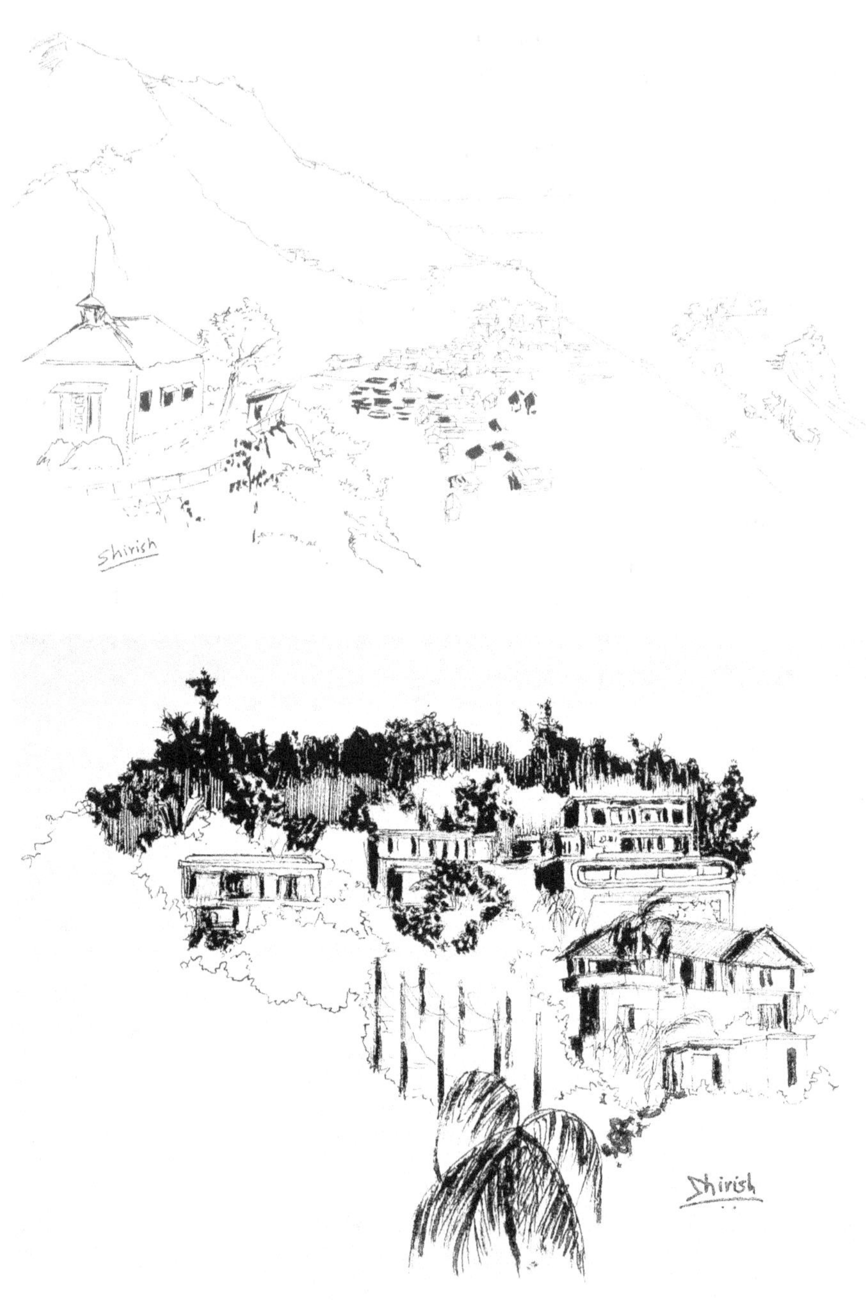

Get-Set-Sketch!

Also, alle SkizziererInnen da draußen und jene, die es noch werden wollen... wiederholt dieses Mantra mit mir:

Ich werde nie versuchen, ein Foto nachzuahmen.
Ich werde nie versuchen, ein Foto nachzuahmen.
Ich werde nie versuchen, ein Foto nachzuahmen.

Siehst du, hast du dich schon mal besser gefühlt? Fällt dir damit nicht eine große Last von den Schultern?

Lass uns dafür sorgen, dass du dich noch besser fühlst.

Wirf einen Blick auf dieses Foto und die Skizze, die auf diesem Foto basiert. Was sieht interessanter aus?

Siehst du, was ich meine?

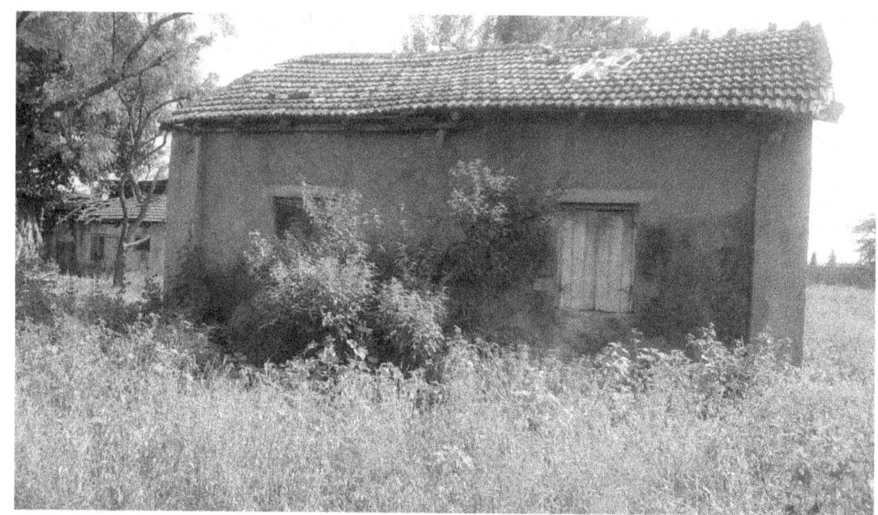

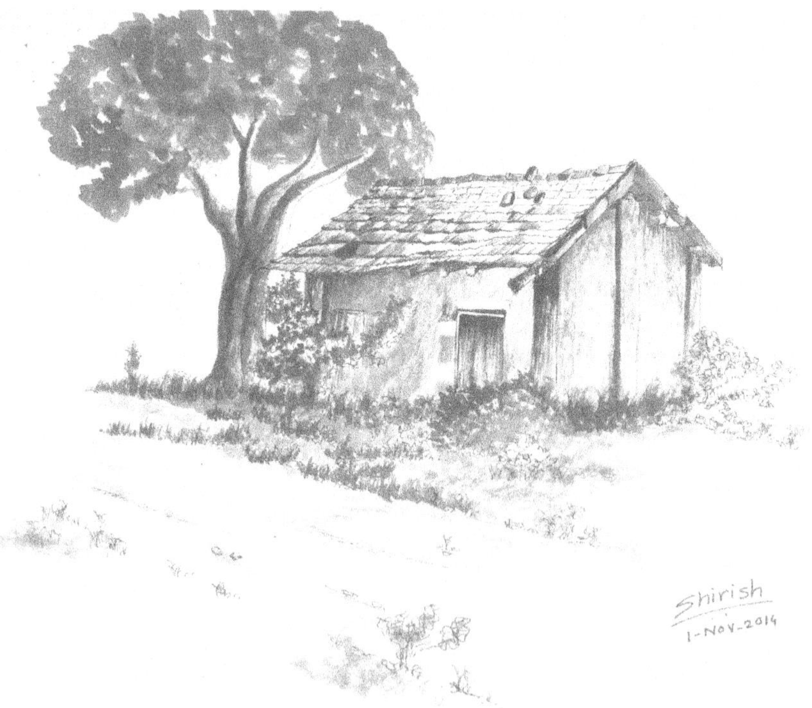

Get-Set-Sketch!

Aber ich könnte keine gerade Linie ziehen, selbst wenn mein Leben davon abhängen würde.

Lass mich dir noch eine weitere Frage stellen. Kannst du lesen und schreiben? Wenn du das hier liest, nehme ich an du kannst.

Dann kannst du auch skizzieren!

Lass mich das näher ausführen.

Wirf einen Blick auf das folgende Wort. Was steckt darin?

B L U M E

Hast du dieses Wort gerade als „Blume" gelesen? Hast du dir eine Blume vorgestellt, als du das gelesen hast? Warum?

Warum hast du dir dieses Wort als Blume vorgestellt und nicht als Stein, Ziegel oder Pfannkuchen?

Weil du ein Bündel von Linien und Kreisen gesehen hast, die du als Buchstaben interpretiert hast, aus denen du wiederum ein Wort gebildet hast, welches du mental in ein sehr reales Objekt übersetzt hast.

Und jeder von uns kann dieses Wort schreiben, oder? So kann jeder von uns auch die Linien und Kreise zeichnen, die ein Objekt darstellen.

Jetzt müssen wir nur noch einige Linien und Kreise zeichnen, die optisch näher an der Realität liegen!

Da diese grundlegende mentale Blockade nun aus dem Weg geräumt ist, lass uns sehen, wie wir schnell von der Abstraktion zur Realität kommen können, d. h. von:.

B L U M E

zu

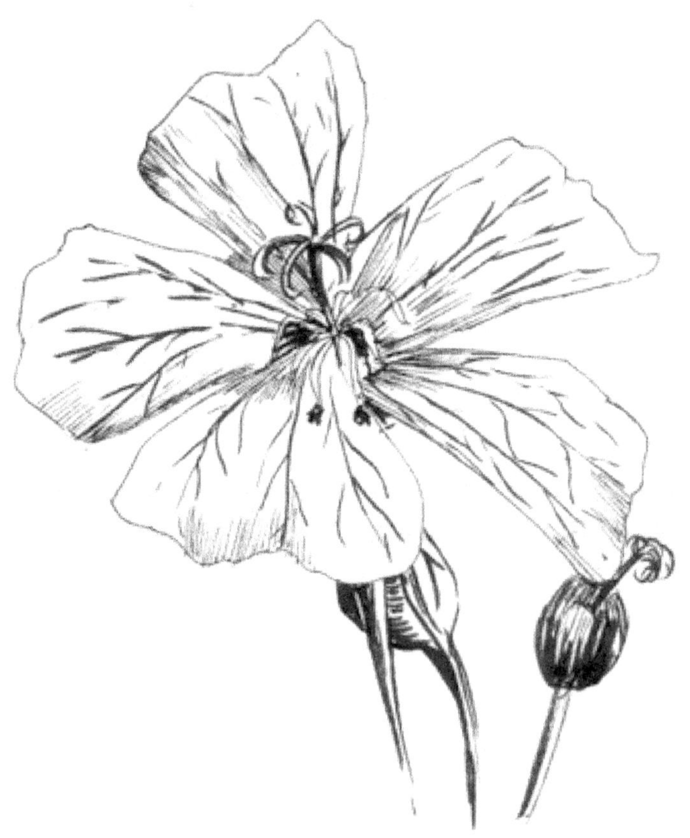

Get-Set-Sketch!

Abstraktion vs. Realität

Abstraktion ist die Darstellung eines Objekts in künstlerischer Form.

Eine extreme Form der Abstraktion, die wir die ganze Zeit nutzen, ohne dies zu merken, nennt man Schreiben.

Das Skizzieren fällt irgendwo zwischen Hyperrealismus (Fotografie/Fotorealismus) und totale Abstraktion (Schreiben). Den Grad der Abstraktion deiner Skizzen bestimmst du allein.

Aber man sollte bei der Entscheidung über die Intensität der Abstraktion bestimmte „Regeln" beachten.

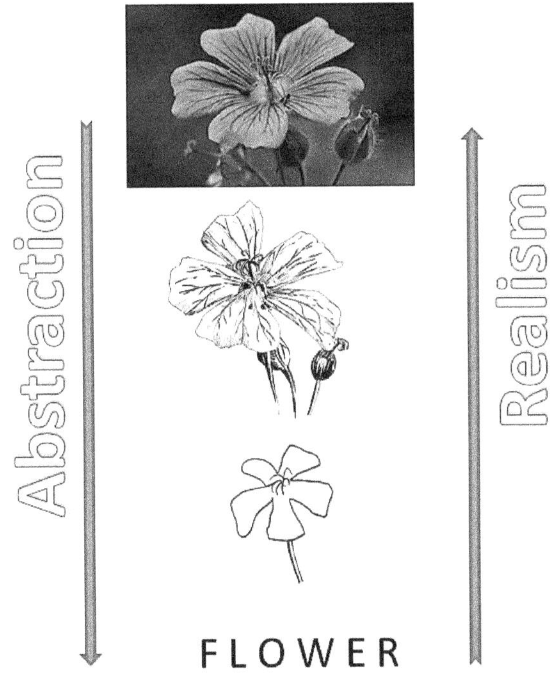

„Regeln" des Skizzierens

Zwei Grundregeln gibt es beim Skizzieren und in der Kunst im Allgemeinen.

Es sind sehr authentische, sehr starre und unwiderlegbare Regeln.

Du darfst diese Regeln unter keinen Umständen brechen oder beugen!

Wenn du ein/e ZeichnerIn, AmateurIn oder ein Profi sein willst, musst du diese Regeln verstehen und verinnerlichen.

Bist du bereit, diese Regeln zu enthüllen?

Dann weihe ich dich jetzt ein.

Regel #1 besagt... (Trommelwirbel bitte): DASS ES KEINE REGELN GIBT!

Und Regel #2: Wenn du dich jemals aufgrund der „Regeln" der Kunst blockiert fühlst, lies Regel #1!

Das ist schon alles. Nachdem wir nun die grundlegenden Regeln der Kunst behandelt haben, lass uns tiefer in das Skizzieren eintauchen.

LERNEN ZU „SEHEN"

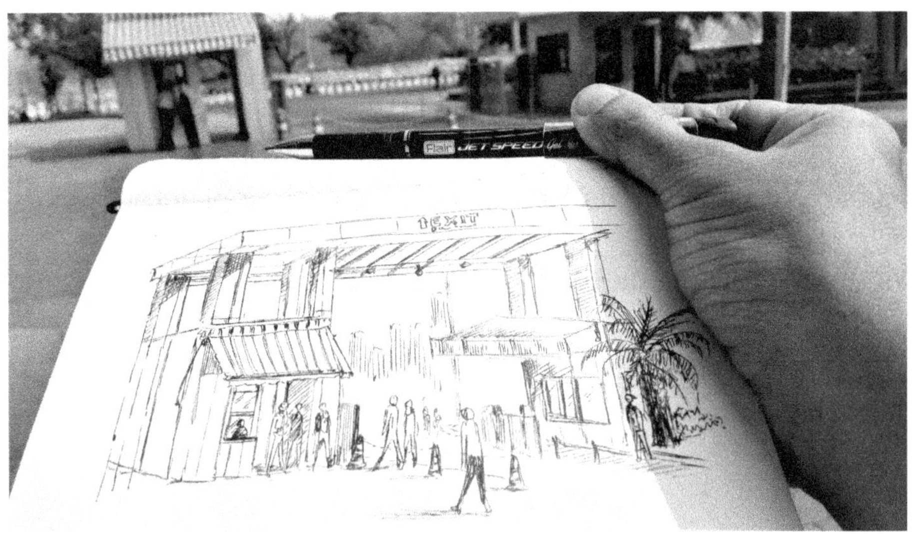

Hast du dich jemals gefragt, wie es sein kann, dass zwei Leute genau das Gleiche sehen, aber der eine findet es unbedeutend, während der andere sich davon inspiriert fühlt?

Hast du Leute gehört, die sich beschweren, dass sie wirklich, wirklich gerne skizzieren würden, aber keine Inspiration zum Skizzieren finden?

Und hast du jemanden gesehen, der versucht, einen Löwen zu zeichnen, der aber wie ein Esel aussieht?

Worin besteht der Unterschied zwischen der Art und Weise, wie eine durchschnittliche Person skizziert und ein/e KünstlerIn skizziert? Gibt es einen so bemerkenswerten Unterschied in den Fähigkeiten der beiden?

Ja, aber nicht immer!

Der Unterschied beginnt damit, wie diese beiden Menschen die Dinge um sich herum „sehen".„Aber ich sehe die ganze Zeit Dinge", könnte man sagen.

Ja, ich stimme zu, dass du Dinge siehst, aber „siehst" du sie wirklich?

Bevor du in Panik gerätst, lass mich dies genauer erklären.

Wirf einen Blick auf dieses Bild. Was siehst du?

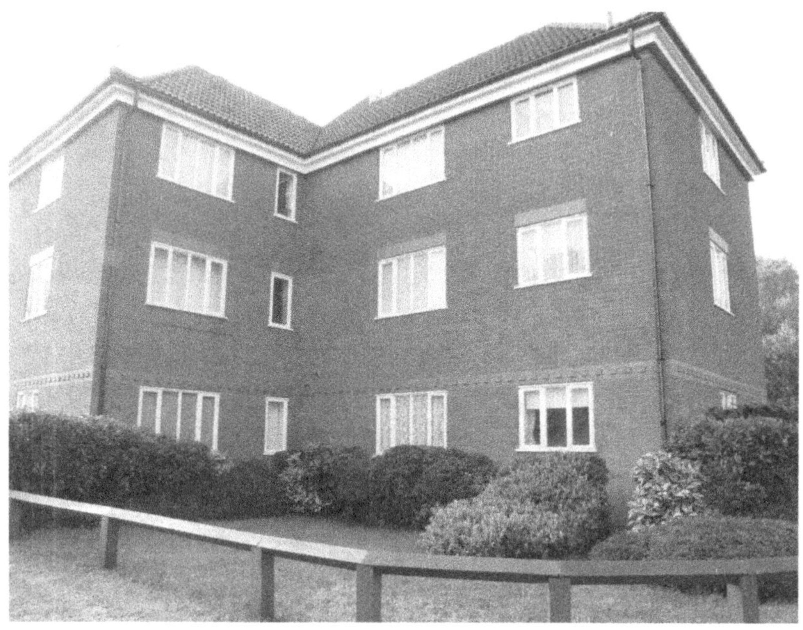

Siehst du einfach ein Gebäude?

Wenn ja, kannst du dieses Gebäude vielleicht nicht skizzieren.

„Warum?" fragst du vielleicht.

Weil du das Objekt (in diesem Fall das Gebäude), das du skizzieren willst, nicht „siehst", wie es ein/e SkizziererIn tut.

Wenn du dieses Gebäude skizzieren willst, musst du es anders sehen.

Es gibt drei Möglichkeiten, ein Objekt als SkizziererIn zu „sehen", und wir werden alle drei lernen.

Weg 1 - Sieh dir die Formen an

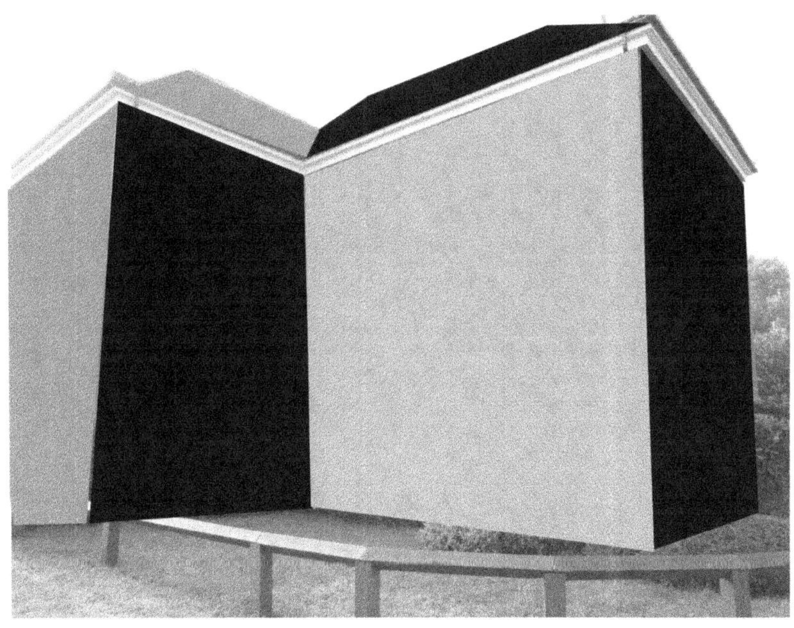

Betrachte das Objekt als eine Sammlung von breiten Formen. Siehst du Rechtecke?

Polygone? Kreise? Quadrate? Dreiecke?

Weg 2 - Achte auf die Schatten

Betrachte das Objekt als eine Sammlung von Licht- und Schattenformen.

In diesem Bild unten habe ich Folgendes markiert
a) die dunkelsten Schatten in reinem Schwarz (die beiden rechten parallelen Wände)
b) Mitteltonschatten in Grau (mittlere Wand uns gegenüber)
c) die hellsten Schatten in sehr hellem Grau (die linke Wand)

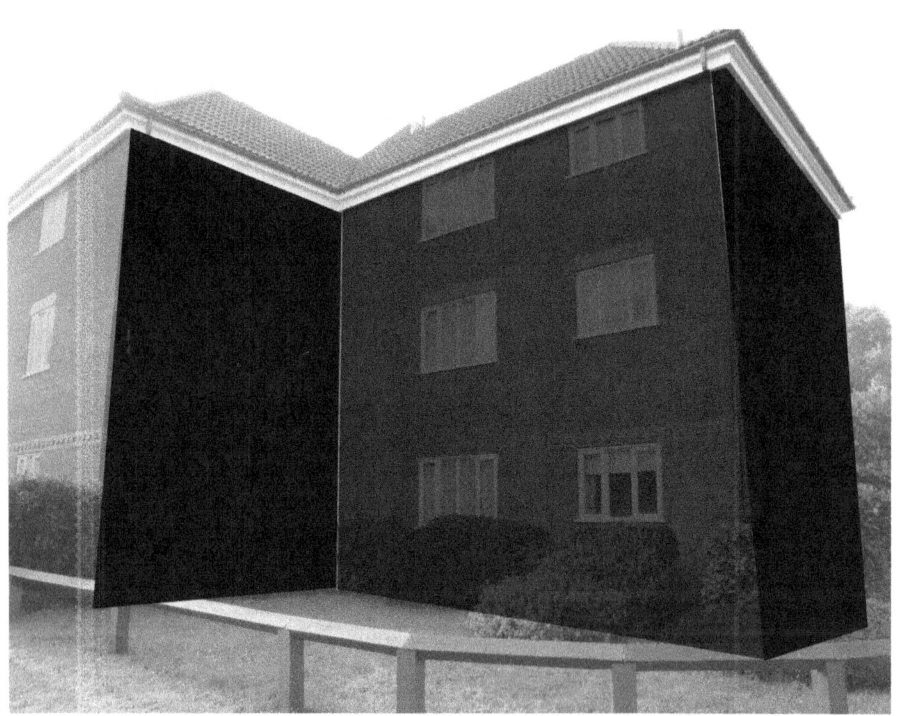

Weg 3 - Betrachte die Texturen

Hier habe ich den Teil des Gebäudes mit schwarzem Mauerwerk markiert.

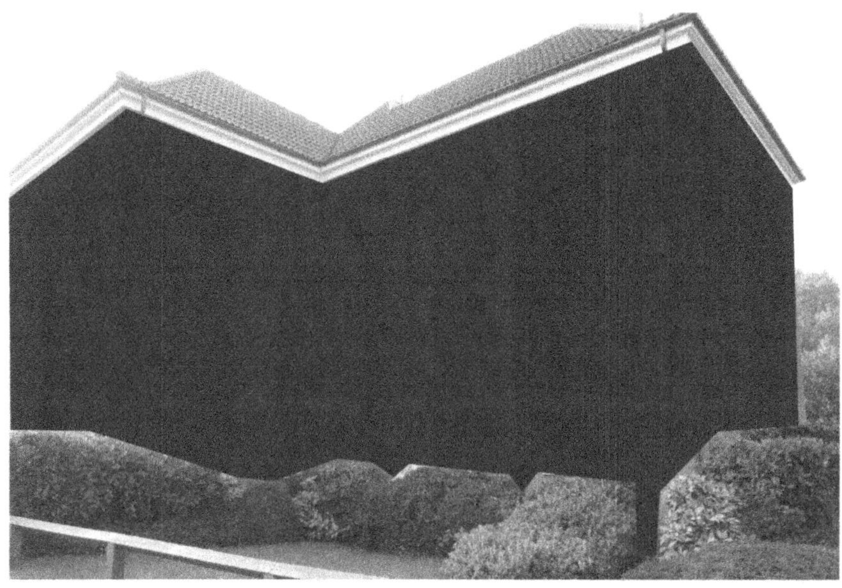

Dann gibt es noch eine andere Textur für verschiedene Glasfenster mit ihren Holzrahmen.

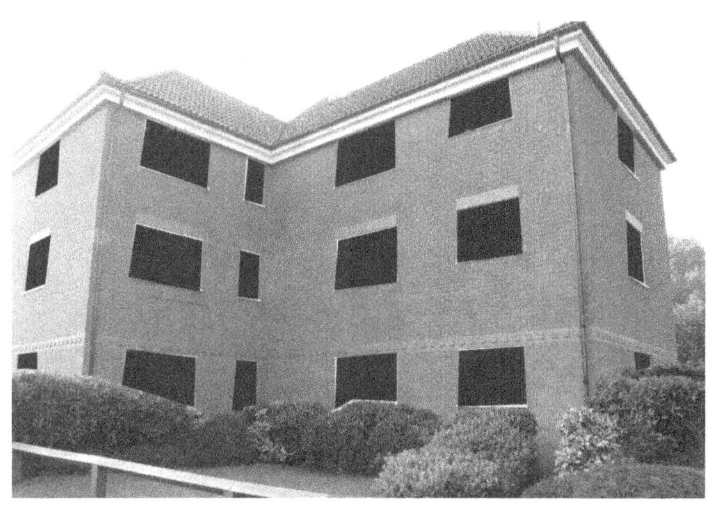

Weg 3 - Betrachte die Texturen (fortgesetzt)

Und auch die Pflanzen, die die Wände teilweise bedecken, haben ihre eigene einzigartige Textur.

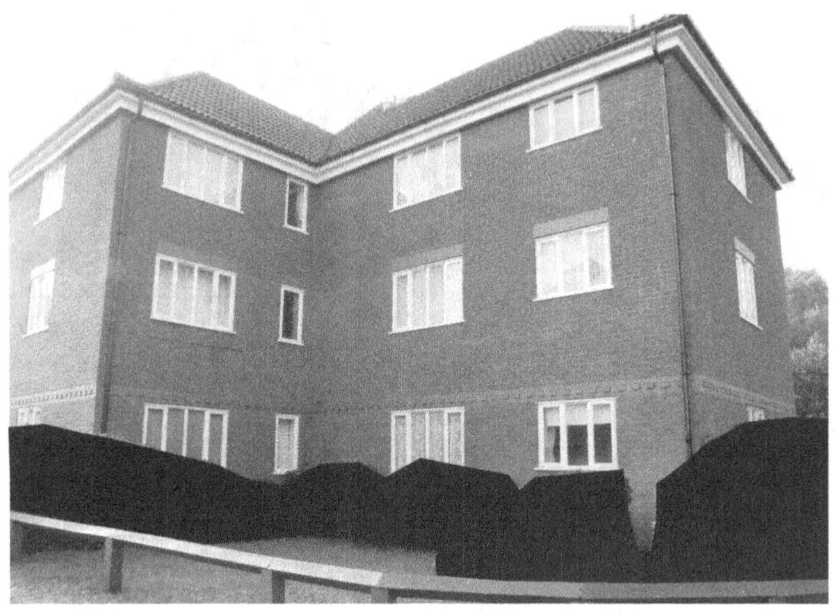

Bisher haben wir gelernt, dass wir, um ein Objekt zu skizzieren, die folgenden drei Dinge „sehen" müssen:

a) Formen
b) Schatten (und Licht)
c) Texturen

Lass uns nun einige Materialien kennenlernen, die wir für das Skizzieren mit Stift und Tinte verwenden können.

MATERIALIEN

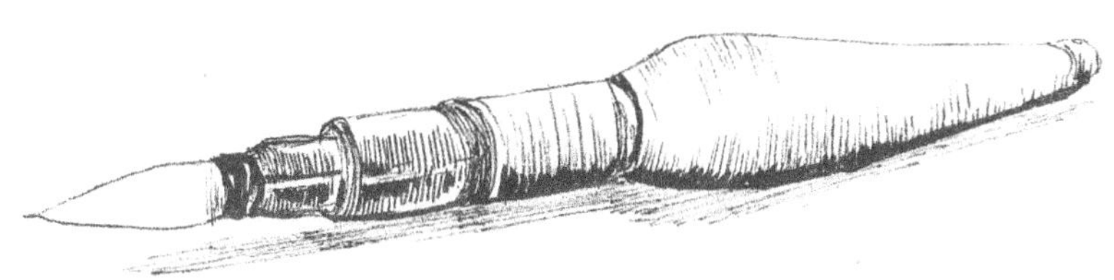

Für das grundlegende Skizzieren benötigst du nur zwei Dinge: ein leeres Blatt Papier und einen Kugelschreiber/Gelschreiber.

Allerdings sind wir KünstlerInnen nie mit begrenzten Materialien zufrieden. Wir wollen immer mehr!

Also, hier ist eine Liste aller Materialien, die ich für das Skizzieren mit Stift und Tinte verwende.

Dies bedeutet nicht, dass es sich dabei um eine vollständige Aufzählung der Materialien handelt.

Die Liste der Materialien ist, genau wie die Liste der Themen, nahezu endlos. Aber ich werde versuchen, einen Ausgangspunkt für deine nächste Einkaufsliste zu finden.

Für eine umfassende Liste der Materialien können Sie hier (kostenlos) ein praktisches PDF mit den Materialien für die Stift- und Tintenzeichnung herunterladen:

https://HuesAndTones.net/materials-DE.html

Pencil, Eraser and Sharpener

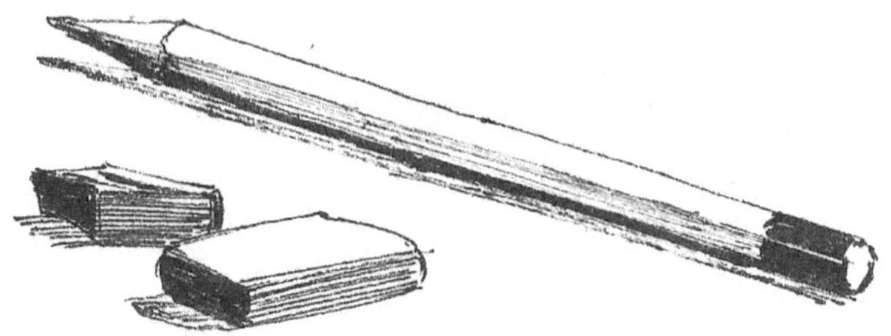

Obwohl ganze Skizzen mit einem Bleistift erstellt werden können, werde ich mich hier auf die Verwendung eines Bleistifts nur für grobe Arbeiten im Rahmen einer Stift- und Tintenskizze konzentrieren.

Es gibt drei Arten von Bleistiften:
a) Typ „H" - harte Bleistifte, die sehr helle Farbtöne erzeugen
b) Typ „B" - sehr weiche Bleistifte, die sehr dunkle Farbtöne erzeugen
c) Typ „HB" - irgendwo zwischen „H" und „B"

Da ich Bleistifte nur für grobe Arbeiten in Stift- und Tintenskizzen verwende, ist es meine Absicht, diese Linien später zu löschen. Deshalb bevorzuge ich entweder Bleistifte vom Typ „H" oder „HB".

Mache ich es so? - Ja

Muss es auf diese Weise geschehen? - Siehe Regel #1 am Ende des Kapitels „Das Anfänger-Dilemma"!

Get-Set-Sketch!

Pens

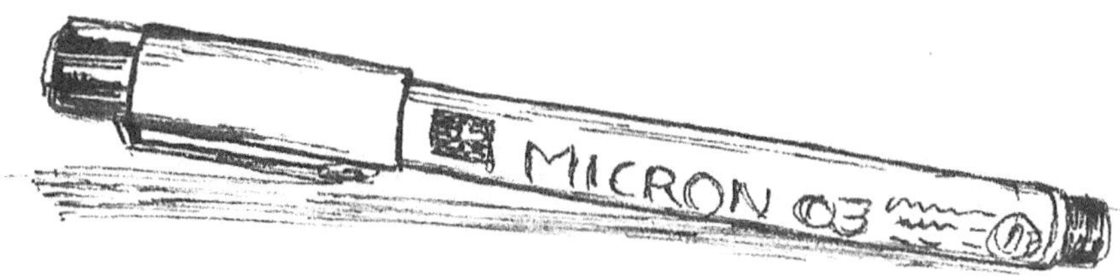

Es gibt viele Möglichkeiten für den Einsatz von Stiften, und jede hat ihre eigenen Vorteile.

Kugelschreiber/Gelschreiber - Sie sind sehr preiswert, in verschiedenen Farben und leicht erhältlich.

Wenn du diese Stifte verwendest, stelle sicher, dass du ein Ersatzpapier in der Nähe hast. Denn diese Stifte neigen dazu, Tinte rund um ihre Spitzen zu sammeln, was zu hässlichen Punkten auf der Skizze führen kann.

Achte darauf, dass du die Stiftspitze regelmäßig vor, nach und während des Skizzierens abwischt.

Ich schlage vor, auch einen weißen Tintenkugelschreiber zur Hand zu haben. Diese sind nützlich bei der Durchführung von Korrekturen sowie bei der Skizzierung von hellen Teilen über dunklen Bereichen.

Hier ist eine Skizze, die vollständig mit einem Kugelschreiber erstellt wurde.

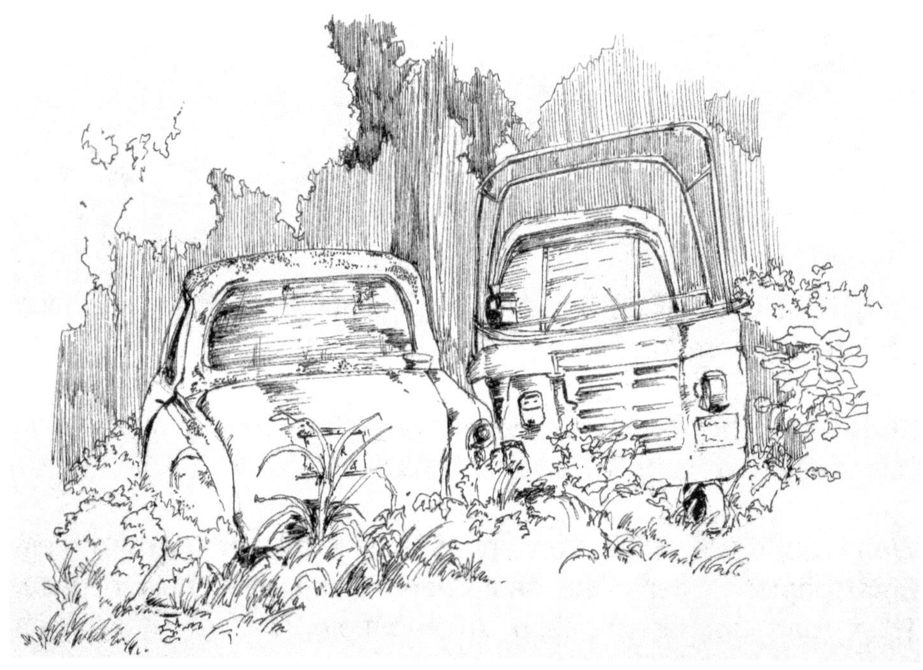

Fineliner Stifte

Diese Stifte sind speziell für das Skizzieren konzipiert. Sie haben eingebaute Tintenbehälter. Sie sind in verschiedenen Spitzengrößen erhältlich und ich empfehle sie jedem, der es mit dem Skizzieren mit Stift und Tinte ernst meint.

Es gibt verschiedene Marken von technischen Füllern. Einige bekannte Markennamen sind: Sakura Pigma Micron, Faber-Castell, Brustro, Artliner, Staedtler etc.

Get-Set-Sketch!

Du kannst mit einem Satz verschiedener Federgrößen beginnen und dann verschiedene Marken ausprobieren, während du vorankommst. Die Haptik der einzelnen Füller kann variieren, und du probierst am besten verschiedene Marken aus, bevor du dich auf eine festlegst.

Diese technischen Füller sind auch in verschiedenen Farben erhältlich.

Hier ist eine Skizze, die vollständig mit technischen Füllern erstellt wurde.

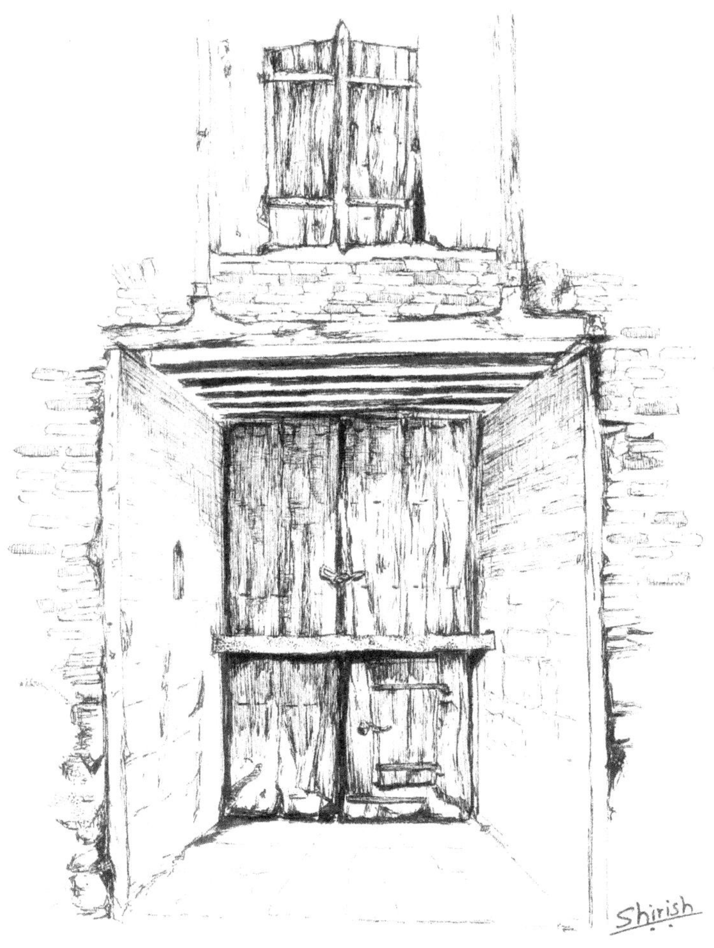

Pinselstifte

Diese Stifte sind wie technische Füller, aber sie haben eine Pinselspitze anstelle einer harten Feder. Sie haben einen eingebauten Tintenbehälter, genau wie technische Füller.

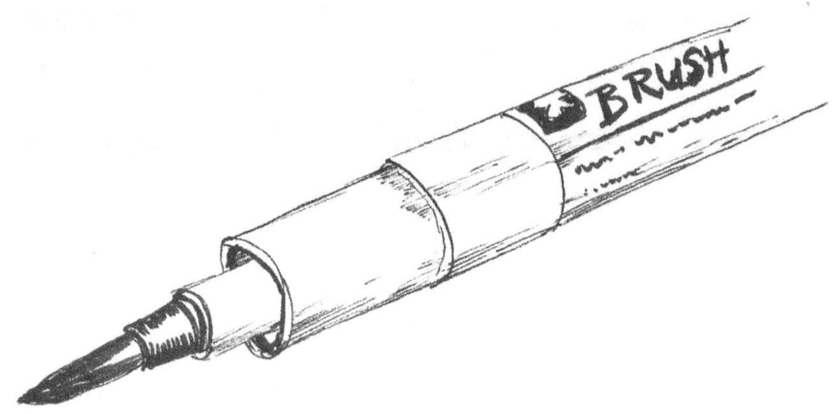

Pinselstifte sind besonders nützlich bei der Erstellung von „organisch" aussehenden Linien. Sie können auch verwendet werden, um große Teile einer Skizze abzudunkeln. Mehr dazu später in diesem Kapitel.

Pinselstifte eignen sich hervorragend, um einen Tinteneffekt ohne Wasser zu erzeugen. Und sie sind in verschiedenen Farben erhältlich.

Hier ist ein Beispiel für eine Skizze, die hauptsächlich mit einem Pinselstift erstellt wurde. Das feine Fell an Nase und Kopf wurde mit technischen Füllern skizziert.

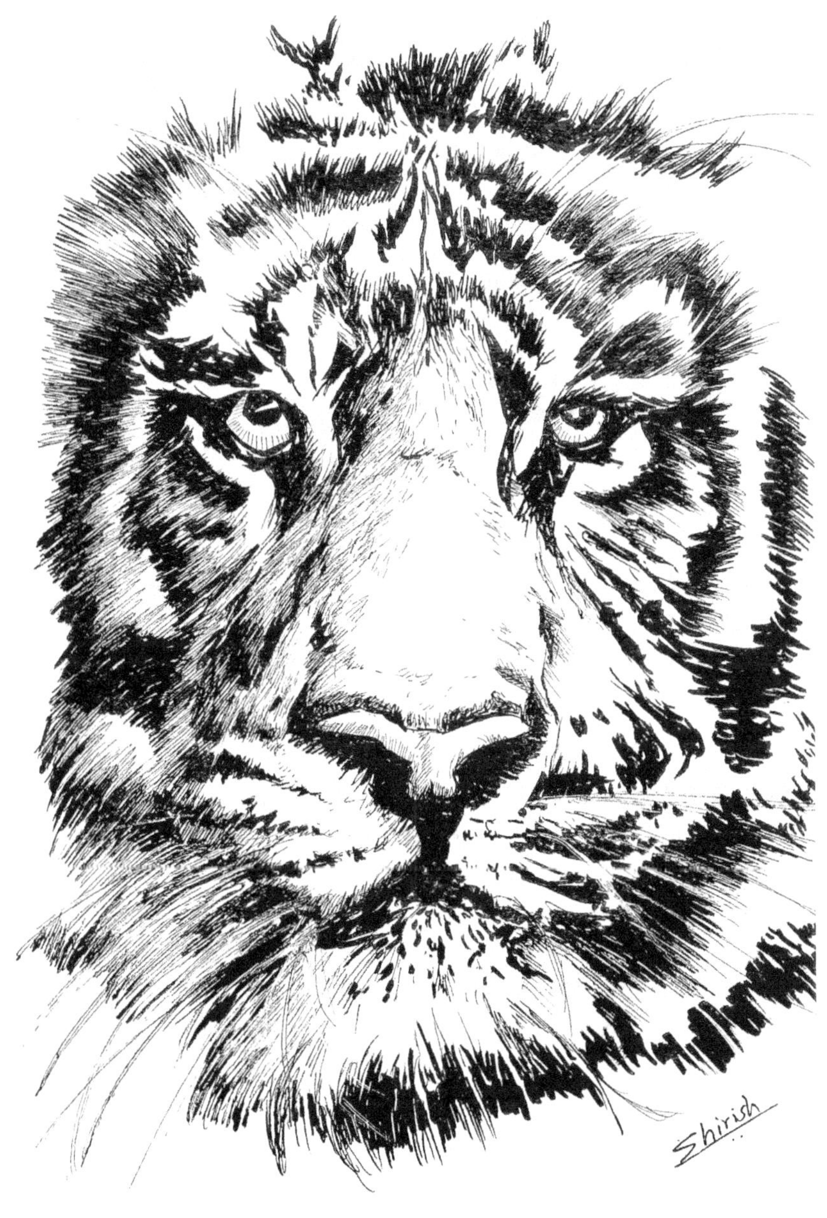

Acryl-Tinten:

Für das Skizzieren stehen Farben verschiedener Marken und Stärken zur Verfügung. Ich empfehle jede Tinte, die dick und lichtecht ist.

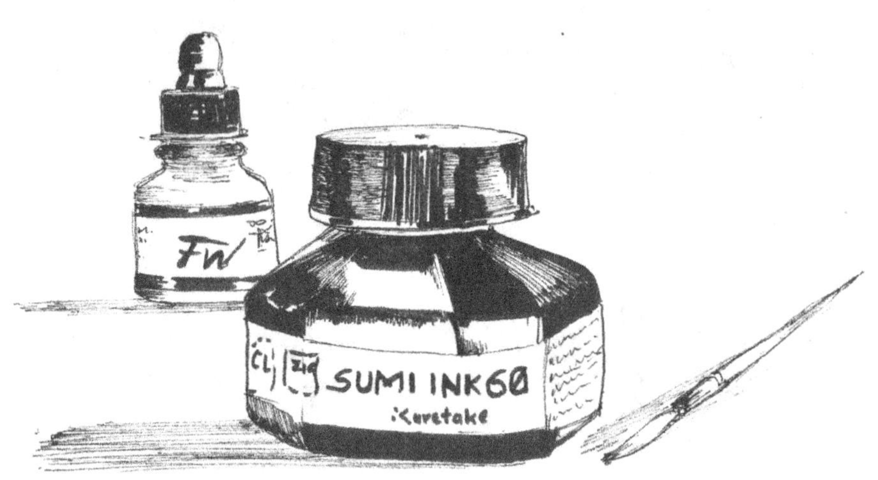

Ich verwende Tinten von zwei Marken, Daler Rowney und Sumi. Mit beiden habe ich großartige Ergebnisse erzielt. Du kannst jedoch verschiedene Marken ausprobieren, bevor du dich für eine oder mehrere entscheidest.

Tinten können mit Aquarellpinseln, Füllfederhaltern, Pinolen oder sogar Zweigen aufgetragen werden. Die verfügbaren Werkzeuge zum Auftragen von Tinte auf Papier sind nur durch deine Phantasie begrenzt.

Diese Tinten sind nach dem Trocknen völlig wasserfest, so dass sie auch zusammen mit Aquarellen aufgetragen werden können.

Acryl-Tinten sind auch in verschiedenen Farben erhältlich.

Hier ist ein Beispiel für Farben, die mit einem trockenen Zweig aufgetragen wurden.

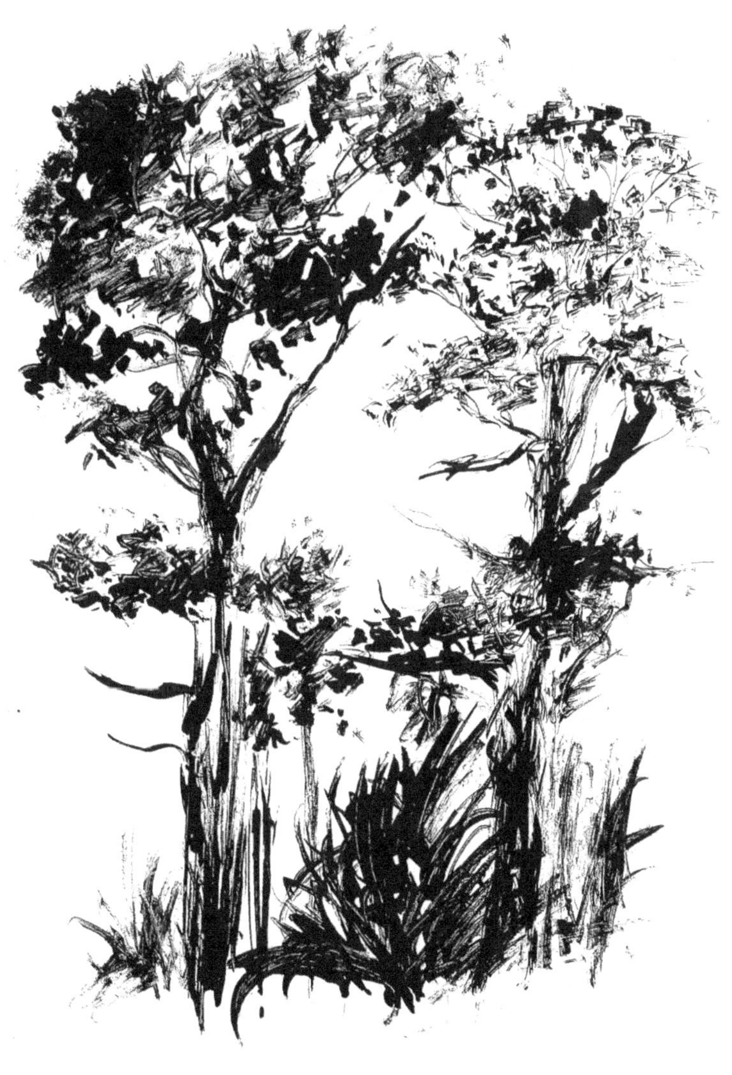

Wasserpinsel:

Diese Pinsel haben einen eingebauten Wasserbehälter.

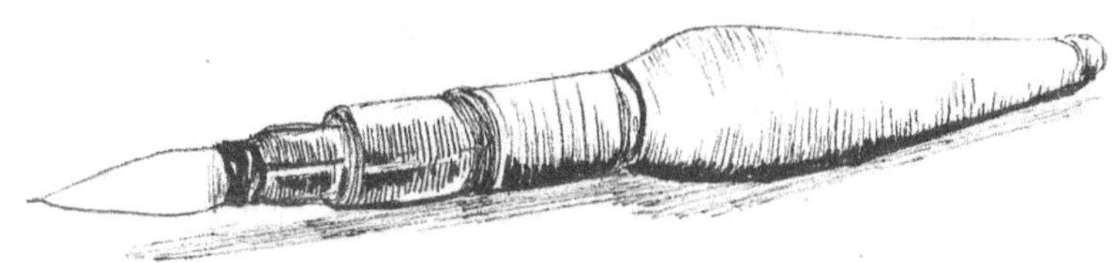

Sie sind besonders nützlich, wenn du dünne Schichten über Skizzen anwendest, um weiche Schatten zu erzeugen.

Der Behälter kann gequetscht werden, damit Wasser in die Pinselspitze fließen kann. Die Wassermenge kann gesteuert werden, um die Menge der ausgegebenen Tinte zu bestimmen.

Hier ist ein Beispiel für eine Skizze, in der mit einem Wasserpinsel Grautöne aufgetragen wurden.

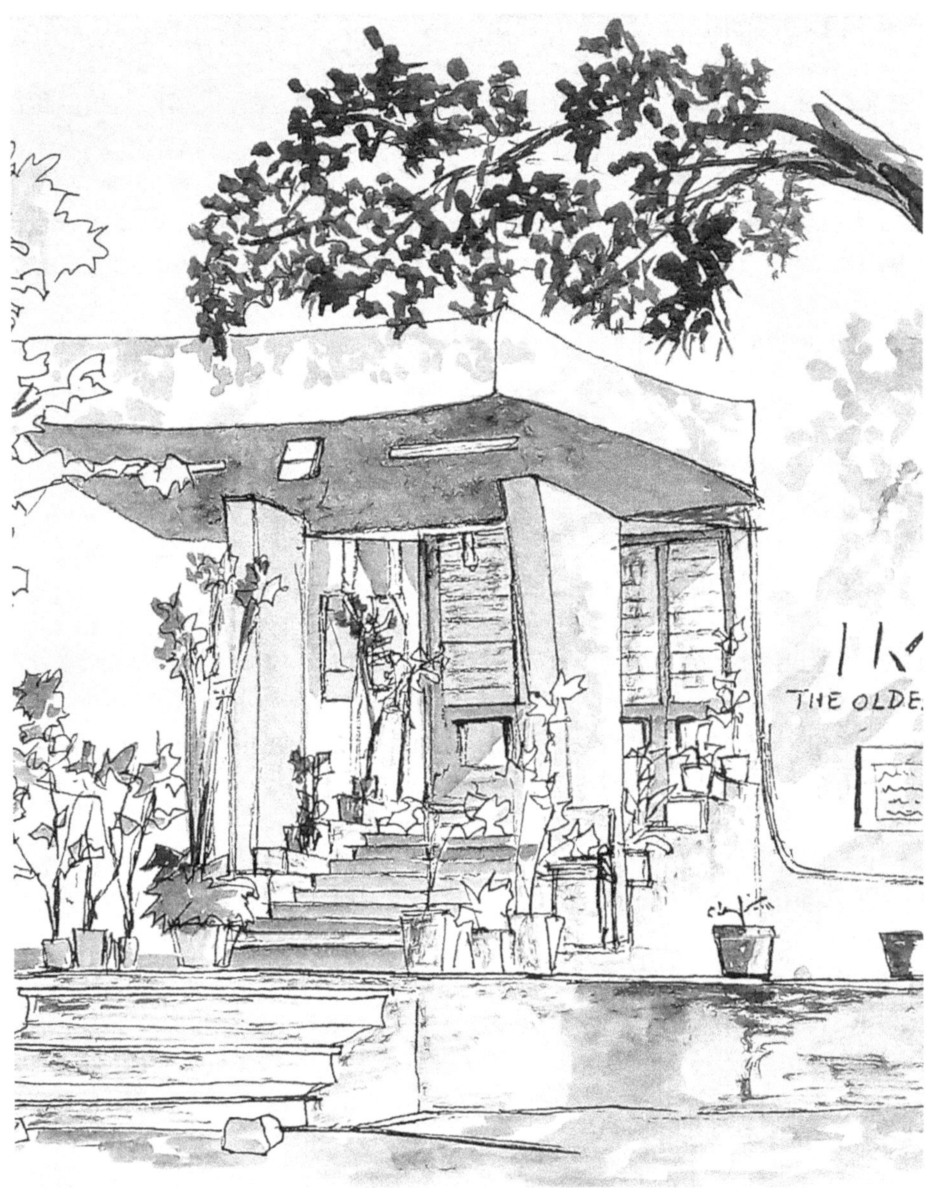

Skizzenpapier:

Das Schöne an Stiften und Tinten ist, dass sie überall eingesetzt werden können.

Schon eine Papierserviette an einem Restauranttisch reicht für eine Federzeichnung.

Die besten Ergebnisse lassen sich jedoch erzielen, wenn man das richtige Papier für die richtige Art von Skizze verwendet.

Ich werde dir von einigen der Papiere erzählen, die ich verwendet habe.

Bei der Auswahl des Papiers musst du die folgenden Punkte berücksichtigen:
a) Papierstärke
b) Papierstruktur

Die Papierstärke wird in GSM (Gramm pro Quadratmeter) gemessen. Ohne näher ins Detail zu gehen, sieh es einfach so: Je höher der angegebene GSM-Wert für ein Papier, desto stärker ist es.

Typische Skizzenbuchpapiere sind ab 50 GSM bis hin zu 400 GSM Stärke erhältlich.

Kleinere GSM-Papiere (70-120 GSM) sind für Kugelschreiber und technische Arbeiten mit Füllern geeignet. Aber diese Papiere neigen dazu, sich bei der Verwendung von wasserbasierten Tinten oder Aquarellfarben zu verziehen. Tinten und Aquarellfarben neigen ebenfalls dazu, durch diese dünnen Papiere zu sickern.

Größere GSM-Werte (ab 250 GSM) werden vorzugsweise für Tinten- und Aquarellarbeiten verwendet.

Ich verwende typischerweise 70-120 GSM-Papiere für Stiftarbeit und 250-300 GSM Canson/Fabriano-Papiere für Tinten-/Aquarellarbeit. Ich benutze gelegentlich auch Poster-Board-Papiere zum Skizzieren. Sie sind sowohl dick als auch glatt für die Arbeit mit Füllern.

Die Glätte/Rauheit des Papiers kann genutzt werden, um verschiedene Texturen in der Skizze zu erzeugen.

Technische Füller eignen sich besser für glatte Papiere, wie z. B. Bristolplatten oder Posterboards.

Aquarelle/Tinten funktionieren besser auf strukturierten/rohen Papieren.

Die Skizze unten wurde auf einem sehr glatten Bristol-Papier (120 GSM) nur mit technischen Stiften gezeichnet. Sieh dir die Textur an, die damit geschaffen wurde.

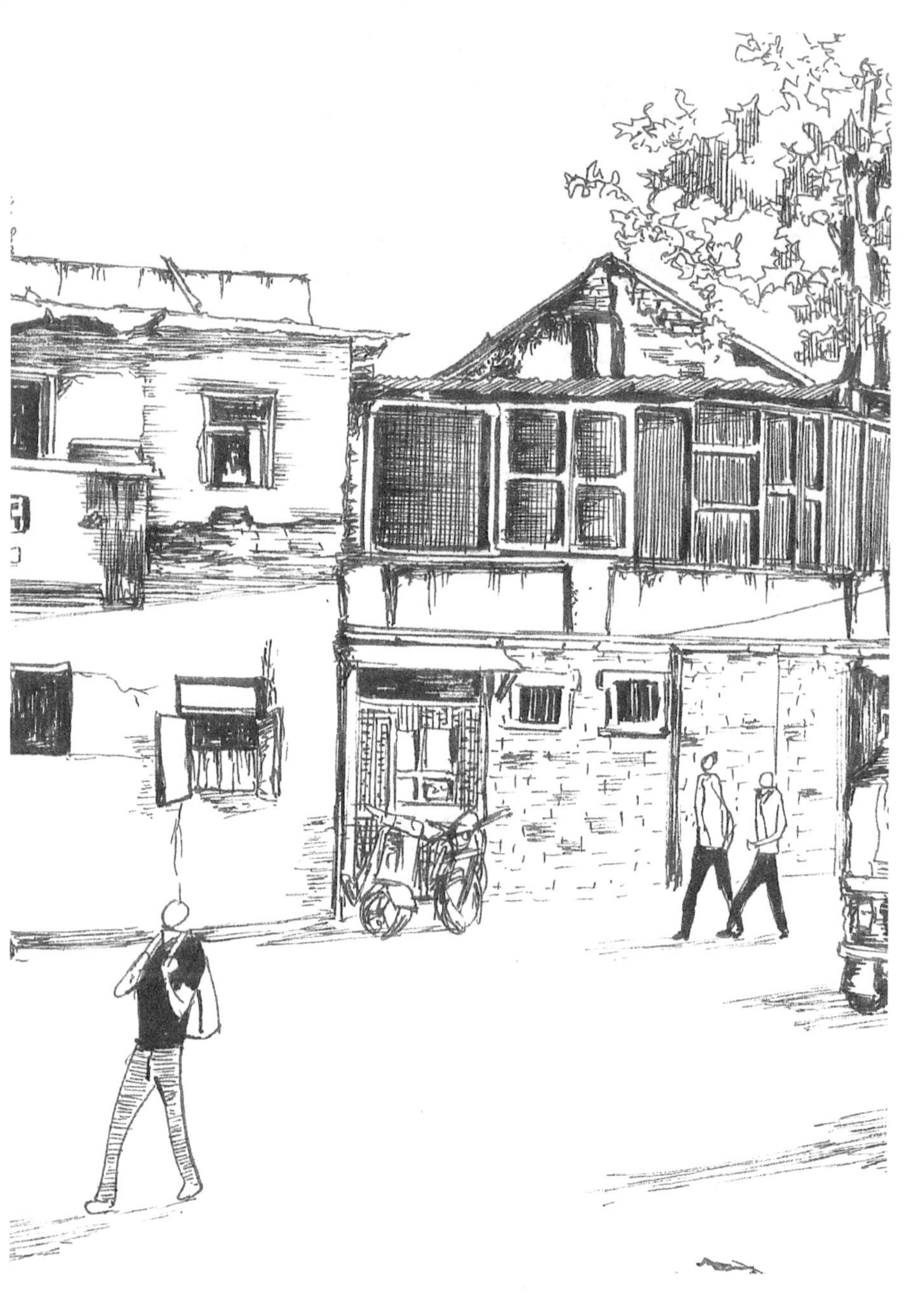

Get-Set-Sketch!

Die folgende Skizze wurde auf einem teilstrukturierten Canson-Papier (250 GSM) mit technischen Stiften und schwarzer Tusche erstellt. Beobachte, wie die Papierstruktur verwendet wurde, um einen Rohsteineffekt zu erzeugen.

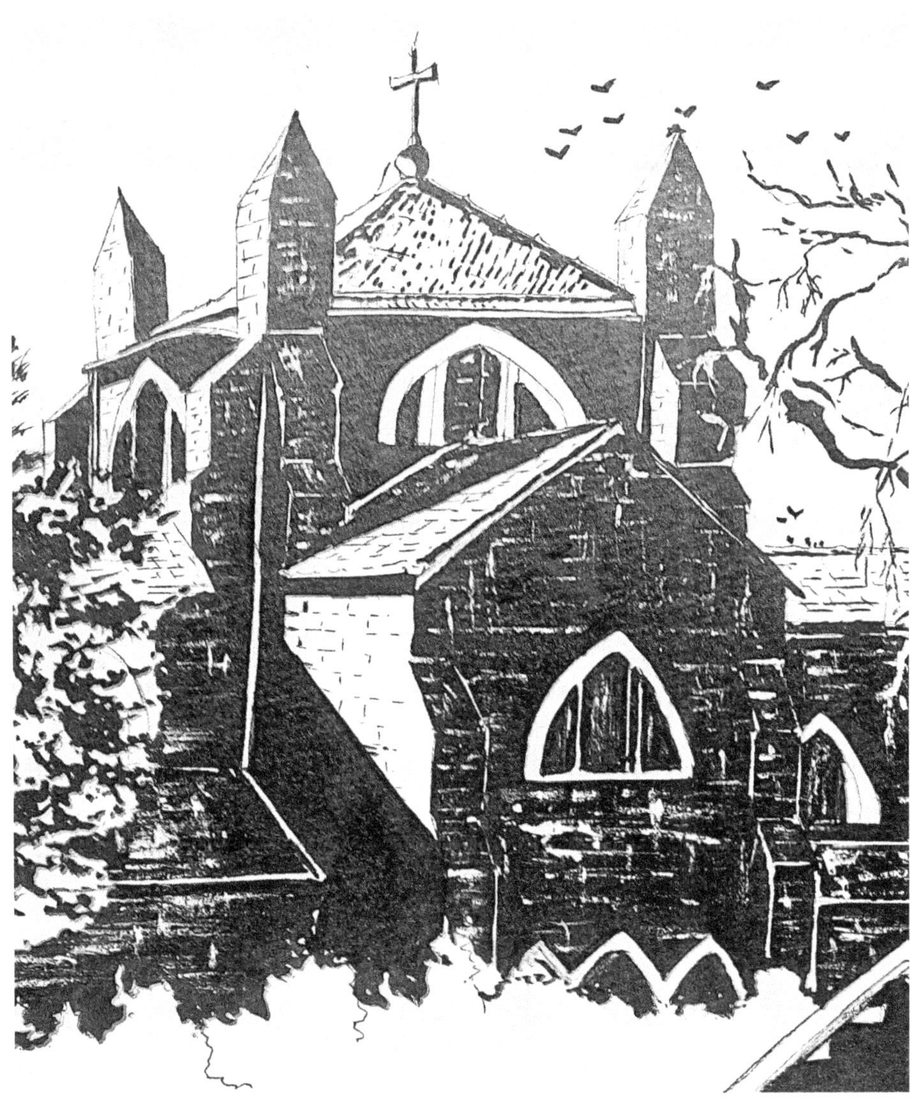

Kostenlose Ressource - Leitfaden zu Schattierungsmaterialien für Stift und Tinte

Du kannst eine kostenlose PDF-Datei mit Materialien zum Skizzieren mit Stift und Tinte von der folgenden Website herunterladen:

https://www.huesandtones.net/materials-DE/

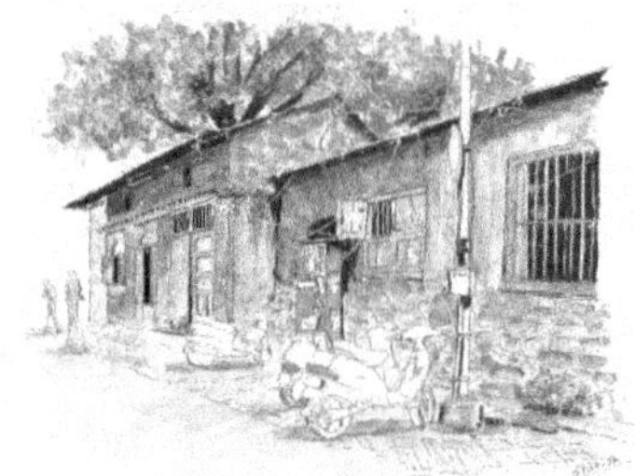

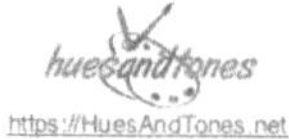

Wenn du meinen Newsletter abonnierst, erhältst du immer die aktualisierte Version dieses Leitfadens, während ich neue Materialien ausprobiere. Du kannst dich über diesen Link anmelden:

https://www.huesandtones.net/signup/

BESCHATTUNGSTECHNIKEN

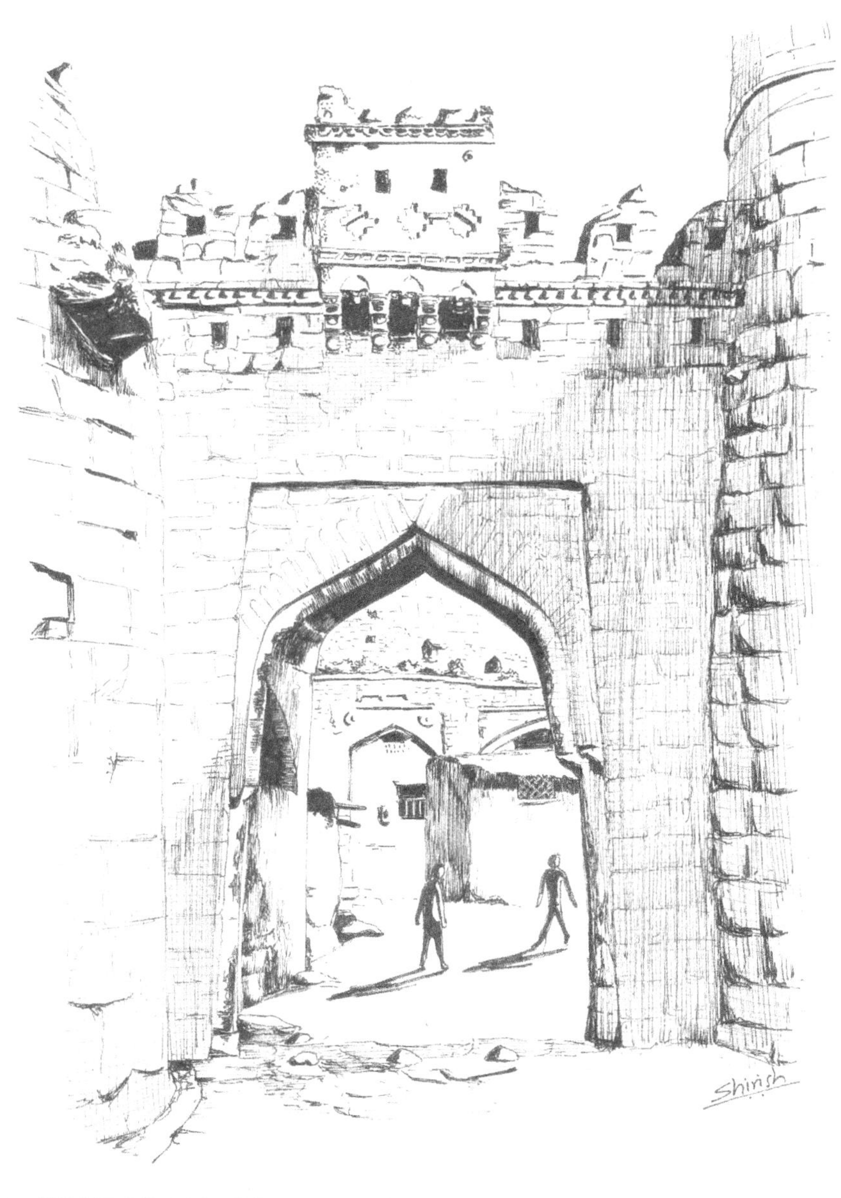

Ich heiße dich auf der dunklen Seite willkommen!

Beim Skizzieren mit Stift und Tinte geht es darum, helle und dunkle Farbtöne zu verstehen und zu nutzen. Diese werden im künstlerischen Sprachgebrauch auch als „Werte" bezeichnet.

Im Rest des Buches werden wir also die Wörter „Werte" und „Schattierungen" abwechselnd verwenden.

Da wir (zunächst) monochrom arbeiten werden, ist es wichtig zu verstehen, wie man Werte verwendet, so dass unsere Skizzen für die/den BetrachterIn Sinn machen.

Werte sind auch sehr wichtig, da wir 3D-Objekte auf eine 2D-Oberfläche (ein flaches Papier) zeichnen.

Wirf einen Blick auf die folgenden Bilder. Welches davon sieht 3D aus?

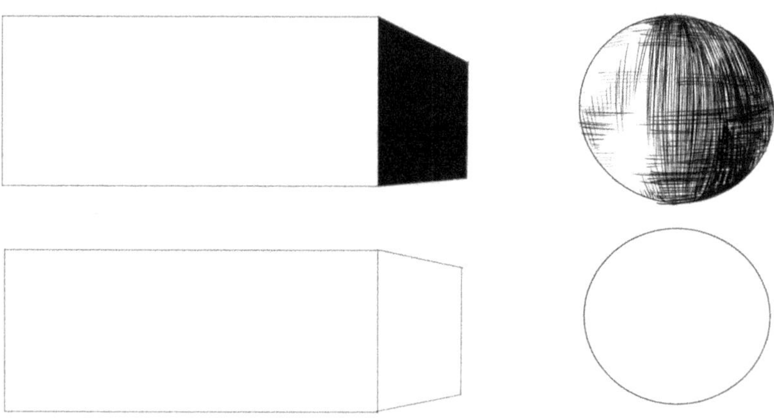

Offensichtlich diejenigen, bei denen eine gewisse Schattierung vorhanden ist. Das menschliche Auge verwendet die Schatten automatisch, um das Objekt als 3D wahrzunehmen.

Aber bevor wir anfangen, Schatten zu lernen...

Geh noch einmal zurück zur Liste der Materialien, die ich im Kapitel „Materialien" angegeben habe.

Habe ich dort ein Lineal erwähnt?

Habe ich nicht?

„Warum?", fragst du vielleicht.

Weil ich beim Skizzieren weder ein Lineal benutze noch befürworte.

Der Grund dafür wird klar werden, nachdem wir etwas über Schattierung gelernt haben. Glaube mir, es gibt einen triftigen Grund dafür.

Aber was ist dann das Geheimnis, um gerade Linien wie in diesem Bild zu zeichnen?

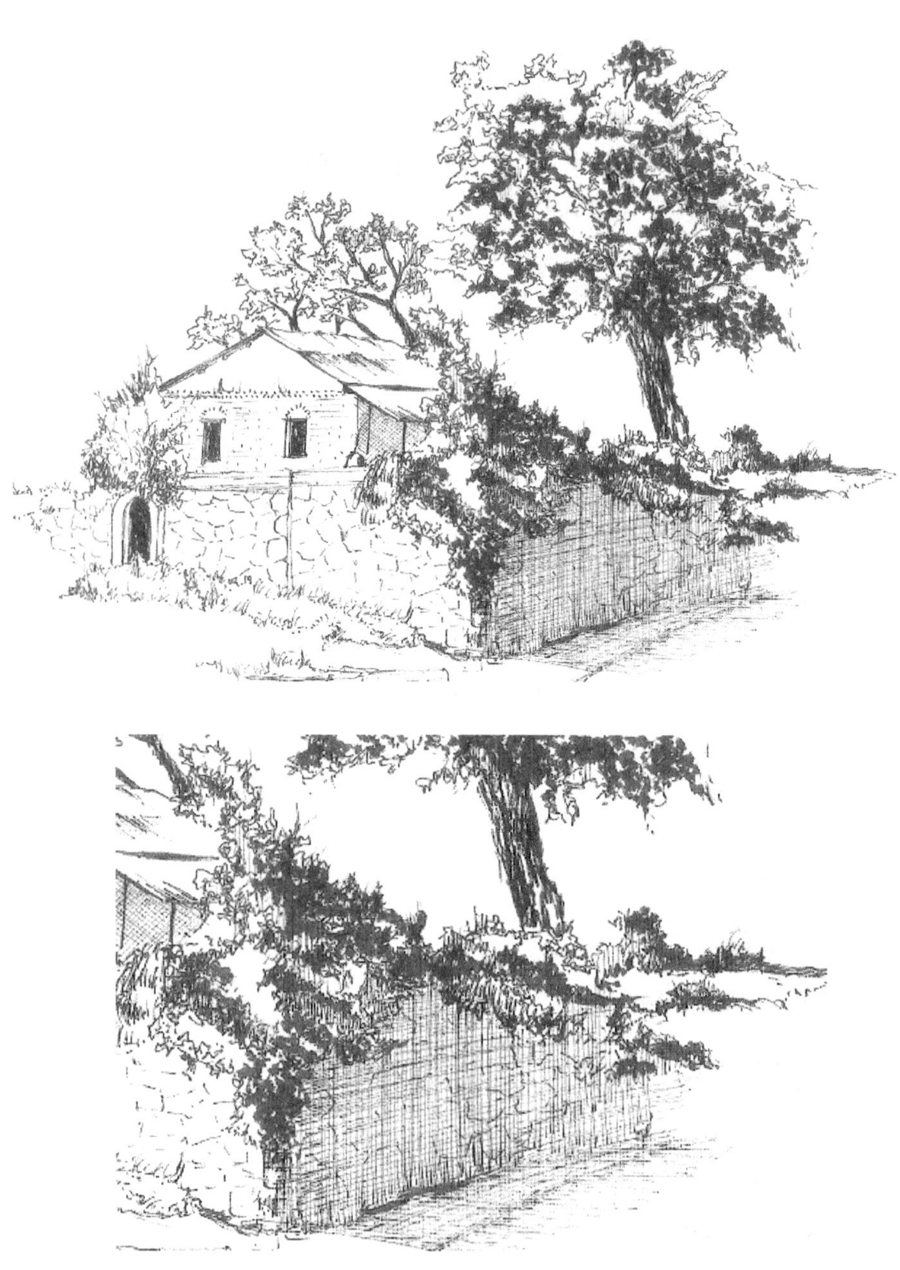

Get-Set-Sketch!

Bevor wir dieses Geheimnis lüften, lass uns sehen, was wir normalerweise falsch machen.

Die meisten Menschen bewegen beim Skizzieren ihre Handfläche mit dem Handgelenk als Drehpunkt. Dadurch ist der Bewegungsumfang der Hand stark eingeschränkt.

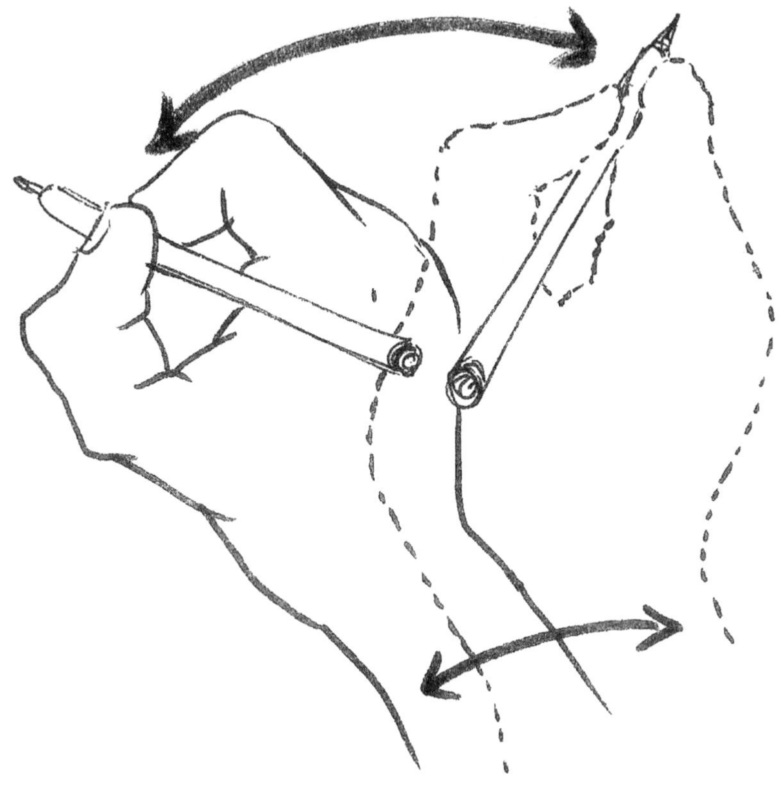

Der richtige Weg ist, die Hand mit dem Ellbogen als Drehpunkt zu bewegen.

Dies ermöglicht eine freie Handbewegung und einen größeren Bewegungsumfang.

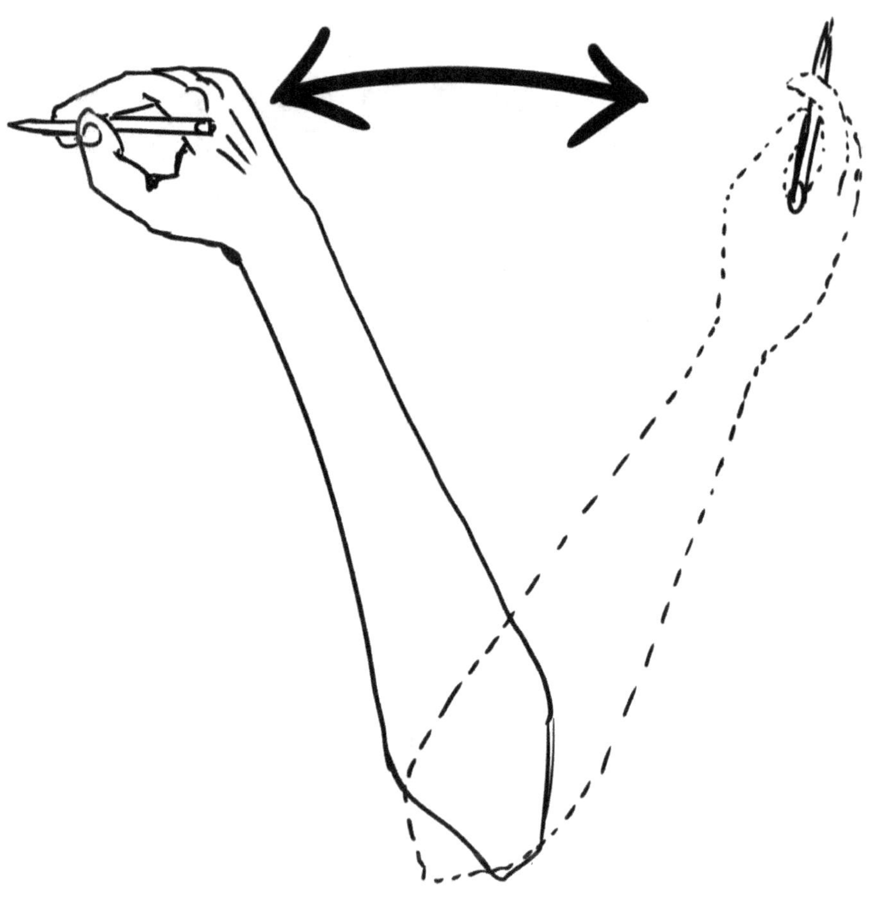

Get-Set-Sketch!

Versuche nun, eine gerade Linie mit der auf der vorherigen Seite gezeigten Technik zu zeichnen.

Nur zu, ich warte inzwischen.

War die Linie absolut gerade? Nein? Hast du erwartet, dass es beim ersten Versuch gelingen wird?

Was zählt, ist, ob die Linie besser war als deine bisherigen Versuche.

Wenn ja, ist das gut genug. Wenn nicht, setzt du die Handbewegung möglicherweise noch falsch um.

Muss die Linie überhaupt gerade sein? Nicht unbedingt.

Warum? Weil wenn die Linien mit einem Lineal perfekt gerade gezeichnet werden, ragen sie wie wunde Daumen unter allen handgezeichneten Schraffurlinien hervor (die wir auf der nächsten Seite behandeln werden).

Wenn du darüber nachdenkst, die Schraffurlinien mit einem Lineal zu zeichnen, wünsche ich dir Glück für deine Marathonskizze!

Versuche noch einmal eine gerade Linie zu zeichnen. Aber halte dich nicht zu lange damit auf, falls die Linie noch schief ist. Du wirst dich in den nächsten Kapiteln verbessern.

Schattierungstechnik #1: Schraffierung

Schraffierung ist eine sehr einfache Schattierungstechnik, bei der wir (fast) parallele Linien zeichnen, die (fast immer) äquidistant sind.

Das war weniger ein künstlerischer als ein juristischer Satz!

Warum so viele "fast"?

Wegen der „Regeln", über die wir am Ende des Kapitels „Das Anfänger-Dilemma" gesprochen haben.

Sehen wir uns an, wie das Schraffieren funktioniert.

Wirf einen Blick auf die verschiedenen schraffierten Bereiche unten:

Get-Set-Sketch!

Wie du hier beobachten kannst, sind die Schraffurlinien parallel, aber die Linien in den schraffierten Bereichen oben links und unten rechts auf der Seite sind unterschiedlich.

Hier rücken die Linien immer näher und dichter zusammen.

Du kannst dichtere Linien zeichnen, um dunklere Schattierungen anzuzeigen, oder entfernte Linien, um helle Schattierungen anzuzeigen.

Versuche nun in einer Übung solche Schraffurlinien mit einem Stift zu zeichnen. (Nein, nein, nein, nein. Nicht Bleistift. Benutze einen Stift. Kein Betrug!)

Nur eine Vorsichtsmaßnahme: Beim Schraffieren hebst du am Ende jeder Linie bewusst deine Hand, bevor du mit dem Zeichnen der nächsten Linie beginnst. Andernfalls werden die Linien mit hässlichen „Haken" enden.

Denke daran, dass in diesem Stadium die Technik wichtiger ist. Geschwindigkeit ist zweitrangig.

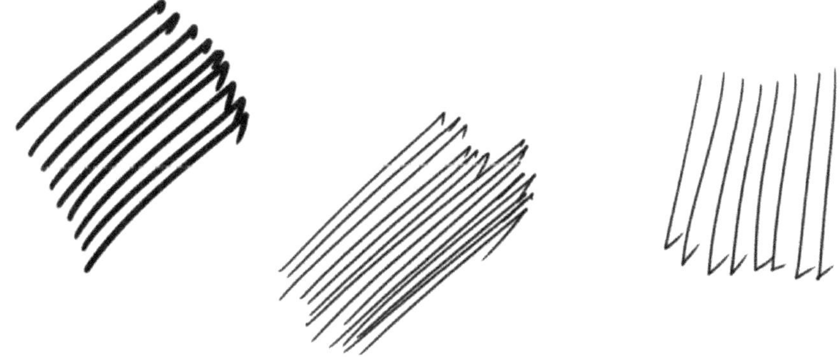

Probiere es. Versuche die Übung und fahre dann mit dem nächsten Kapitel fort.

Hier ist ein Beispiel für die Verwendung von Schraffuren in der Schattierung.

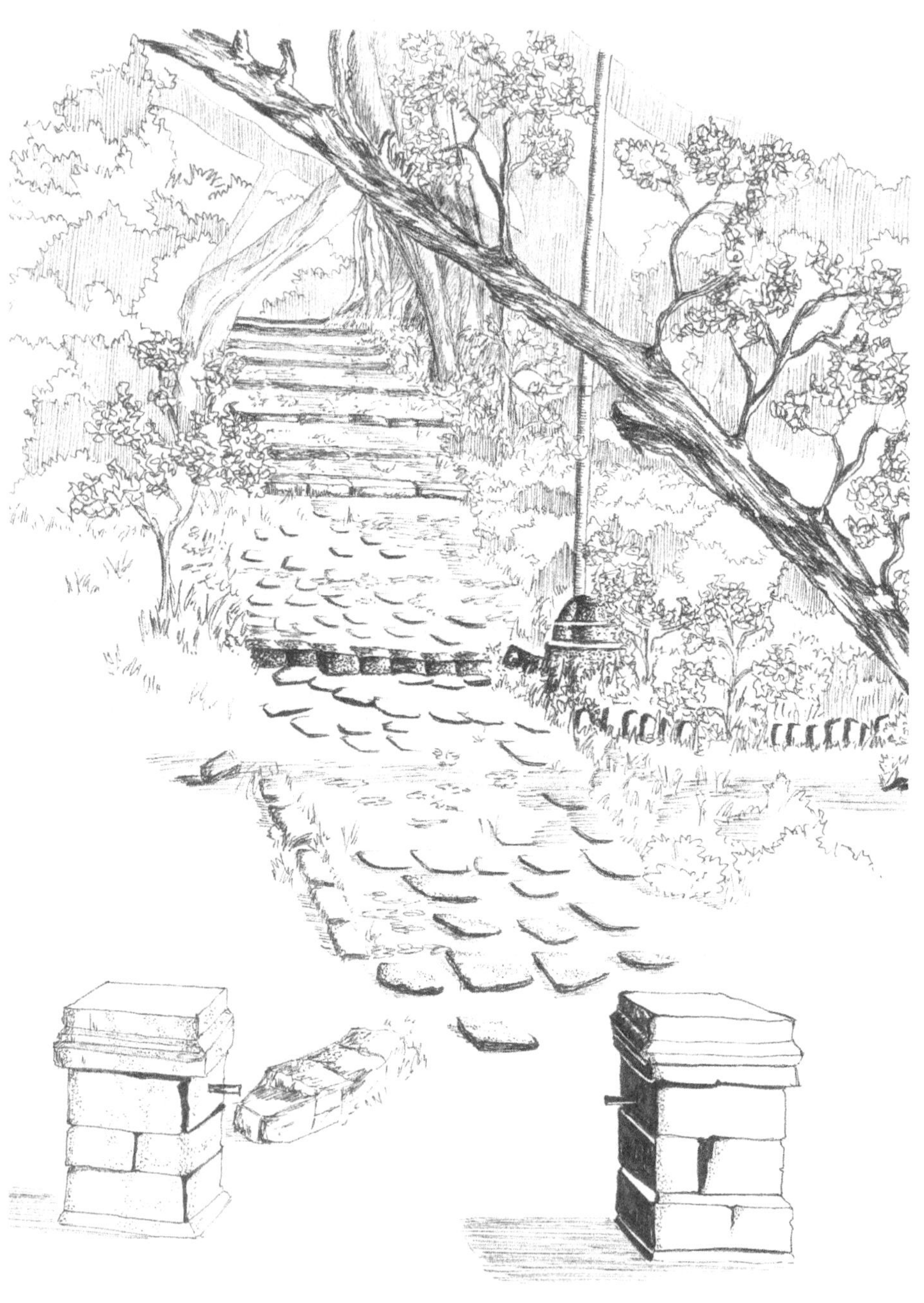

Schattierungstechnik #2: Kreuzschraffierung

Kreuzschraffur bedeutet, dass Linien in mehr als eine Richtung übereinander gezeichnet werden. Das ist schon alles. Tatsächlich!

Sieh dir unten einige Beispiele für Kreuzschraffuren an, und du wirst verstehen, was ich meine.

Du kannst horizontal schraffieren und dann vertikal schraffieren.

Oder du kannst diagonale Schraffuren machen.

Oder du kannst alles kombinieren.

Gibt es irgendwelche Regeln? Überhaupt nicht.

Übe nun das Kreuzschraffieren. Dann erkunden wir die nächste Schattierungstechnik.

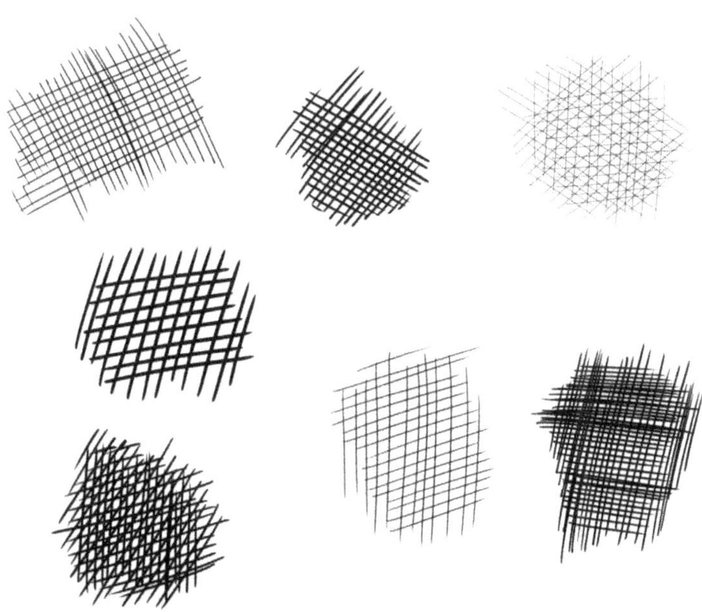

Hier ist ein Beispiel für eine Kreuzschraffur, die bei der Schattierung verwendet wird.

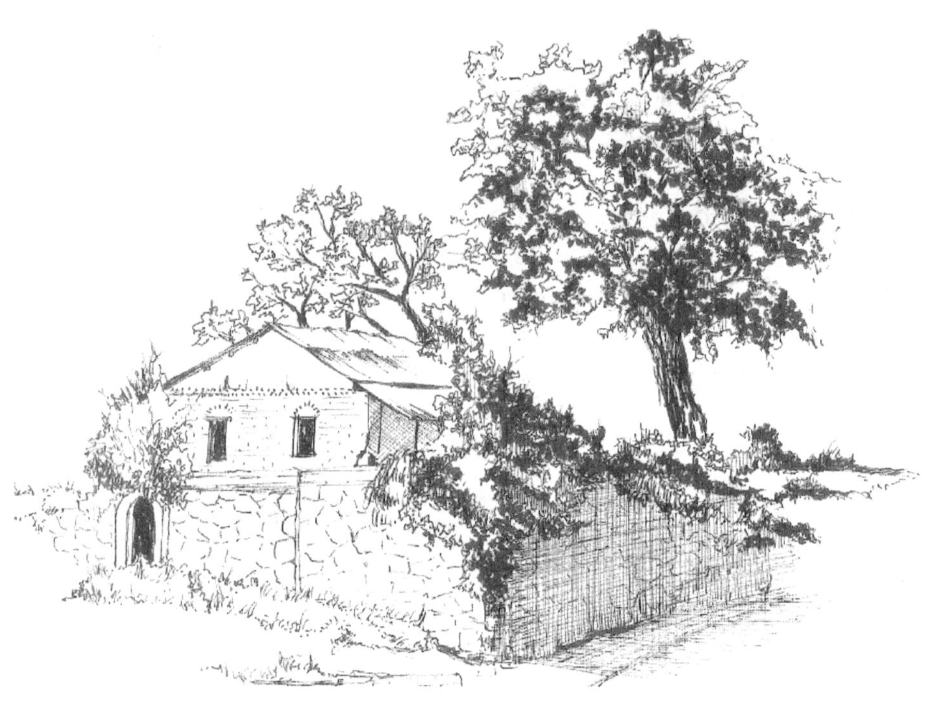

Get-Set-Sketch!

Schattierungstechnik #3: Konturschattierung

Dies ist eine Variante aller Schraffurtechniken.

Sie ist sehr nützlich, um Objekte in 3D darzustellen.

Sehen wir uns dazu ein Beispiel an.

Lass uns eine Säule zeichnen und davon ausgehen, dass das Licht von rechts auf diese Säule fällt. Der Teil der Säule auf der linken Seite sollte also im Schatten liegen.

Aber wenn wir einfache Schraffuren/Kreuzschraffuren verwenden, um diese Säule zu beschatten, wird das 3D aussehen? Keineswegs! Es wird flach aussehen, wie in diesem Bild links.

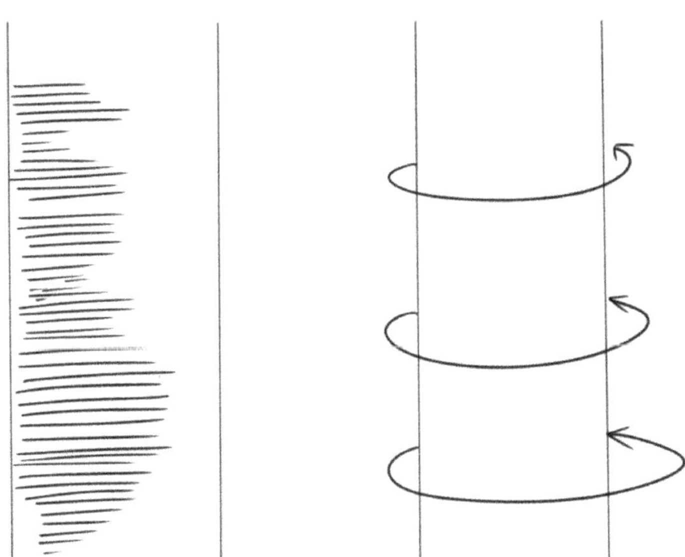

Warum? Weil die Säule eine horizontale Kurve hat, die hier verloren geht.

Aber was wäre, wenn wir die horizontalen Schraffurlinien entlang der Kurve der Säule skizzieren würden? Bringt dies nun automatisch eine Kurve hervor? Ohh ja!

Nur eine Vorsichtsmaßnahme: Betrachte dazu die untenstehende Skizze. Wenn du die kurvenreichen Linien zeichnest, mach es so, als ob du den gesamten Bereich von links nach rechts abdeckst (dargestellt als gestrichelter Teil der Schraffurlinien).

Andernfalls „stechen" die Schraffurlinien das Objekt wie rechts dargestellt.

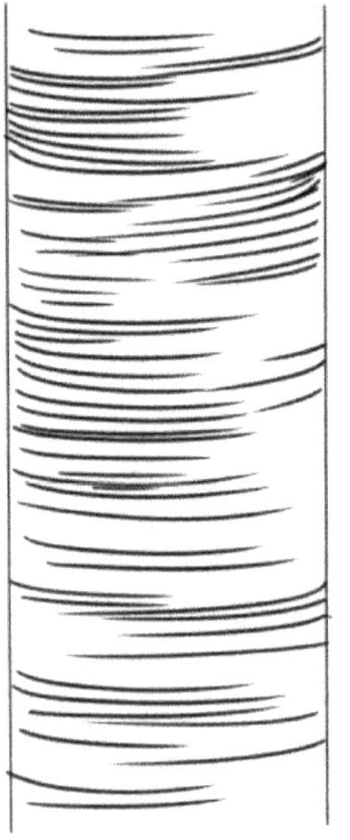
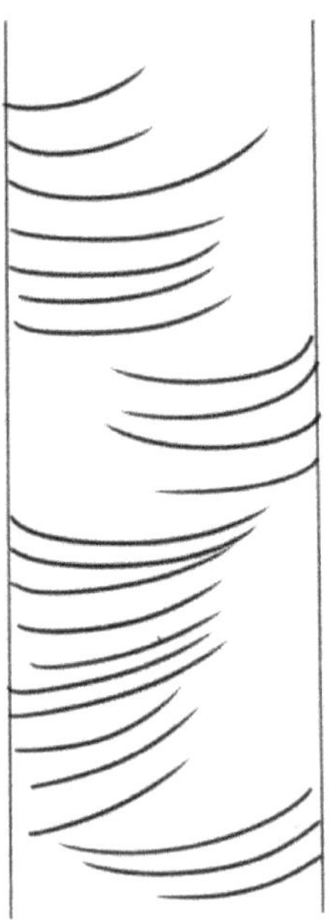

Get-Set-Sketch!

Nachfolgend findest du ein Beispiel für eine Skizze, die mit der Konturtechnik erstellt wurde.

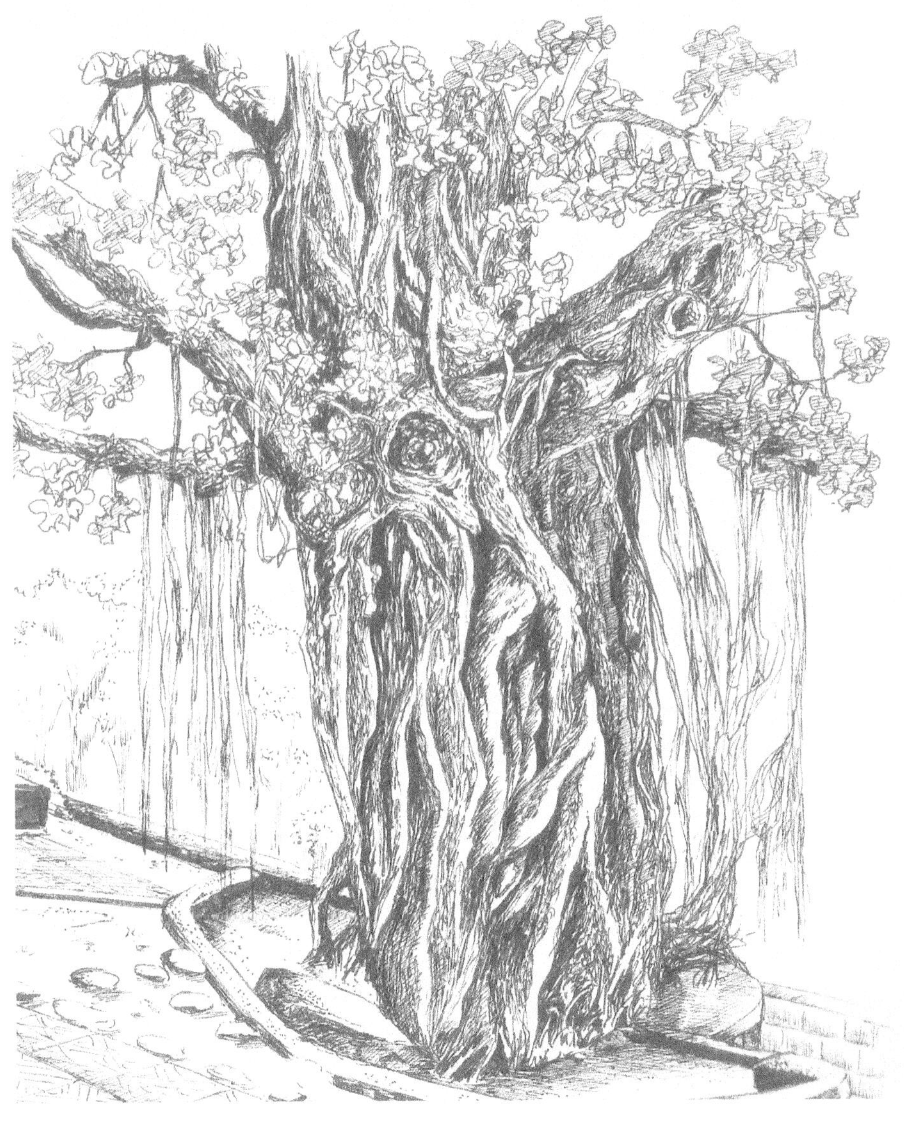

Schattierungstechnik #4: Punktieren

Punktieren ist eine Technik, bei der man mit einer Kombination von Punkten Schattierungen erzeugen kann.

Je dichter die Punkte, desto dunkler die Werte.

Achte darauf, dass der Stift perfekt senkrecht zum Papier gehalten und nach jedem Punkt angehoben wird.

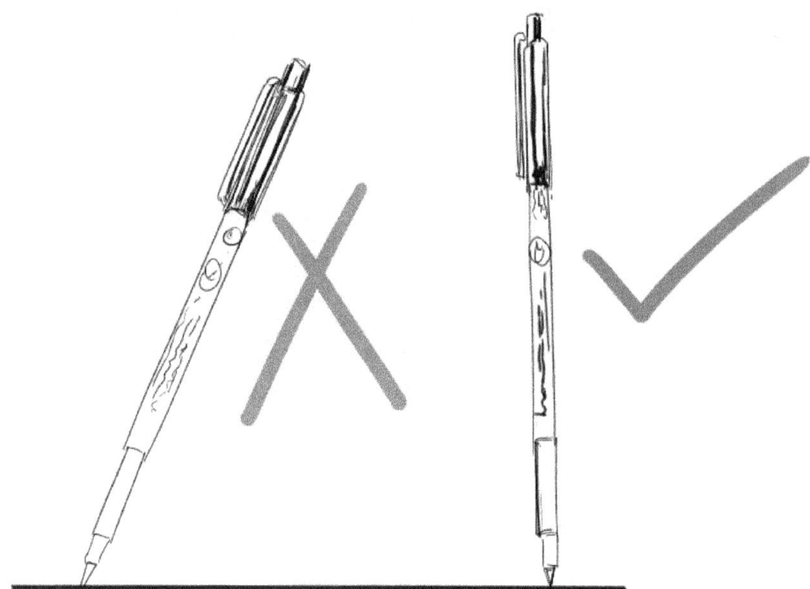

Übe nun das Punktieren, wie unten gezeigt. Versuche, sowohl mit dichten Punkten als auch mit leichten Punkten zu arbeiten. Probiere verschiedene Kombinationen aus. Danach kommen wir zur nächsten Technik.

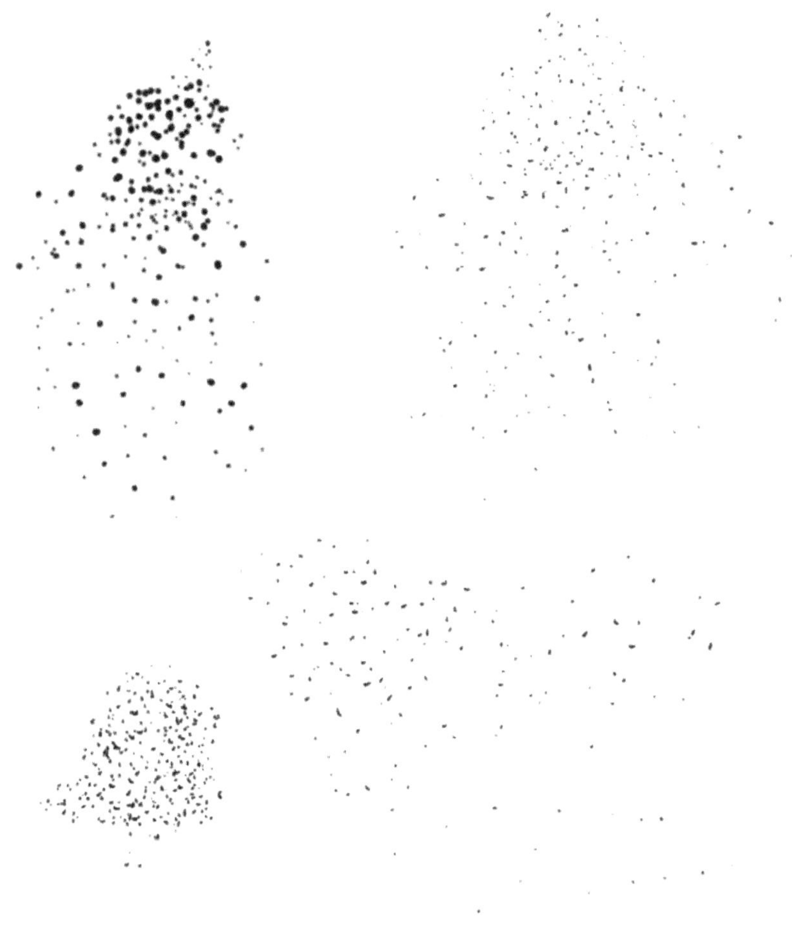

Hier ist ein Beispiel (Teil) einer Skizze, die mit der Punktiertechnik erstellt wurde.

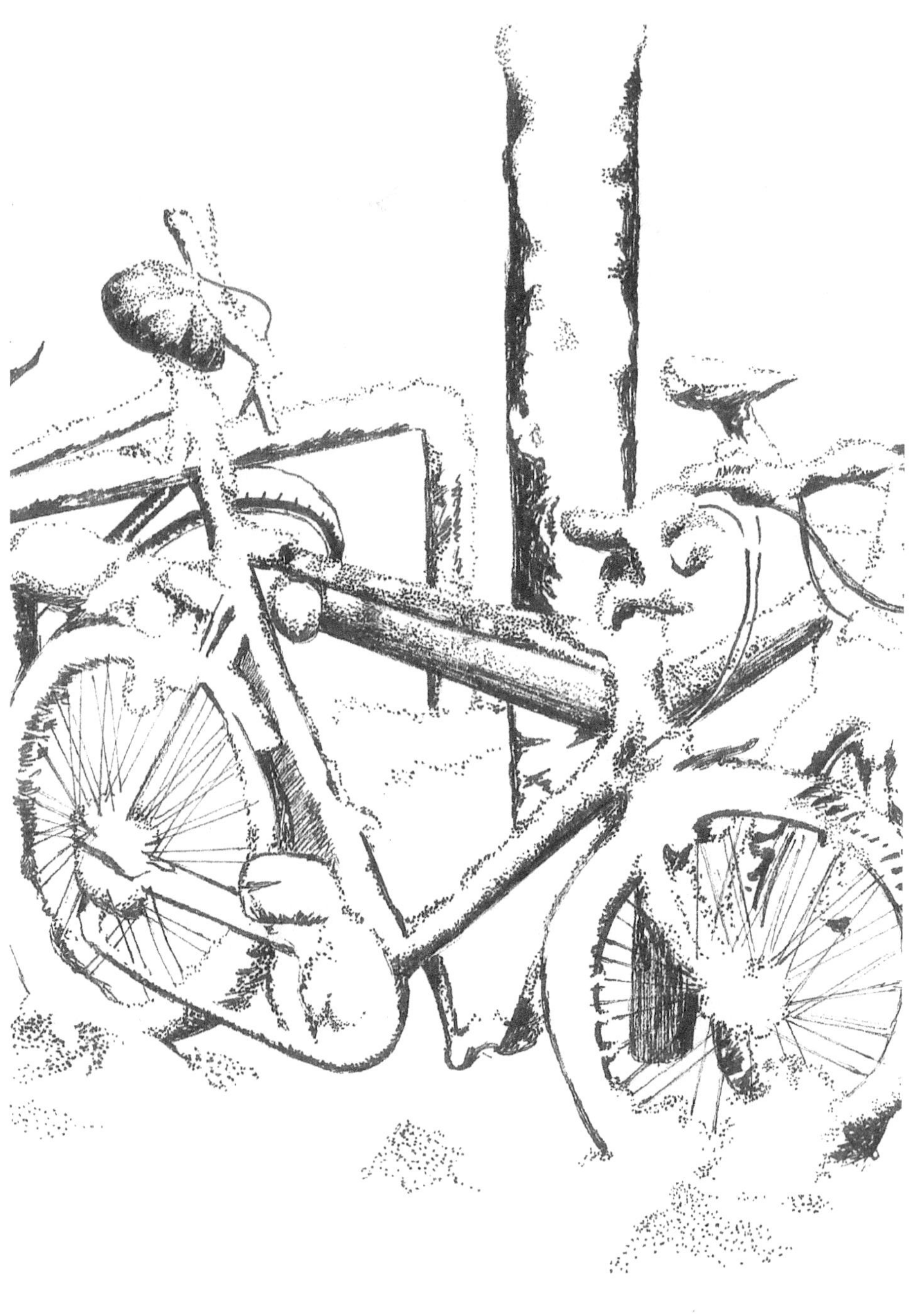

Schattierungstechnik #5: Zufällig (Kritzeln)

Die zufällige Schattierungstechnik erscheint sehr einfach.

Und das ist sie auch, wenn sie richtig eingesetzt wird.

Zufällige Schattierungen sind genau das, wonach es klingt, zufällig.

Aber wenn man zufällige Schattierungen durchführt, muss man die Form des Objekts im Auge behalten, über das diese Schattierungen angewendet werden.

Nachfolgend zeige ich einige Beispiele für zufällige Schattierungen. Darunter sind auch einige praktische Beispiele wie Bäume und Wolken.

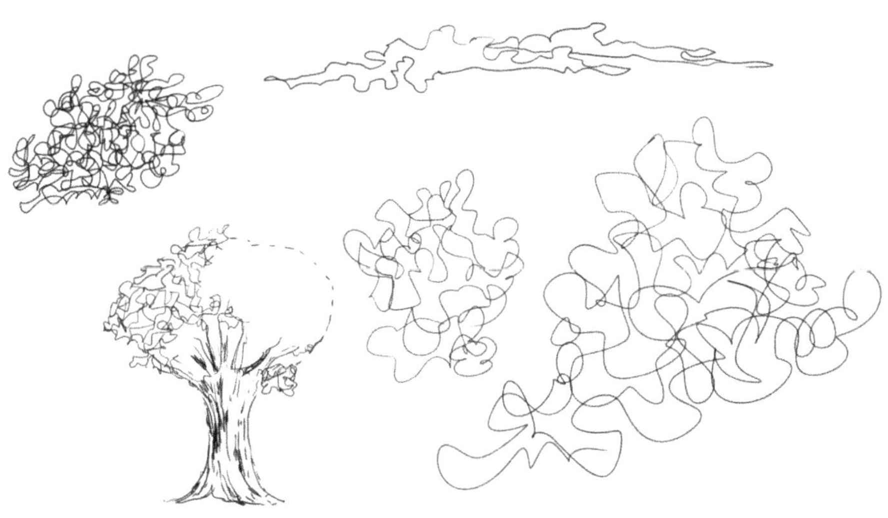

Wenn du zufällige Schattierungen vornimmst, empfehle ich dringend, dass du den Bereich zuerst mit gestrichelten Linien (wie hier gezeigt) oder Bleistift markierst, damit du nicht über Bord gehst.

Glaub mir, ich spreche aus Erfahrung!

Hier ist ein Beispiel für eine Skizze, die sehr ausgeprägt die zufällige Technik für Laub verwendet.

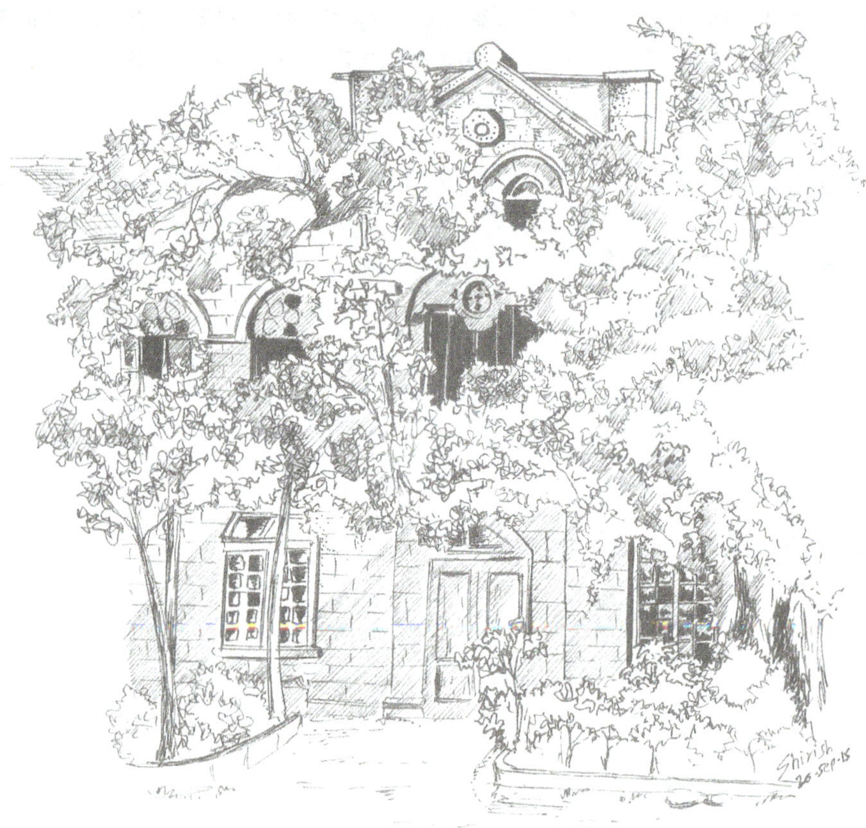

Get-Set-Sketch!

Das war's mit den Schattierungstechniken mit dem Stift.

Wir werden später etwas über das Schattieren mit Tinten lernen, wenn wir den Abschnitt zu den Tinten erreichen.

Vorerst sehen wir uns an, wie sich die Wahl verschiedener Schattierungstechniken auf die Skizze auswirkt.

Hier ist ein Beispiel für eine Skizze, die mit Kreuzschraffur schattiert ist, und die gleiche Skizze mit Punktiertechnik.

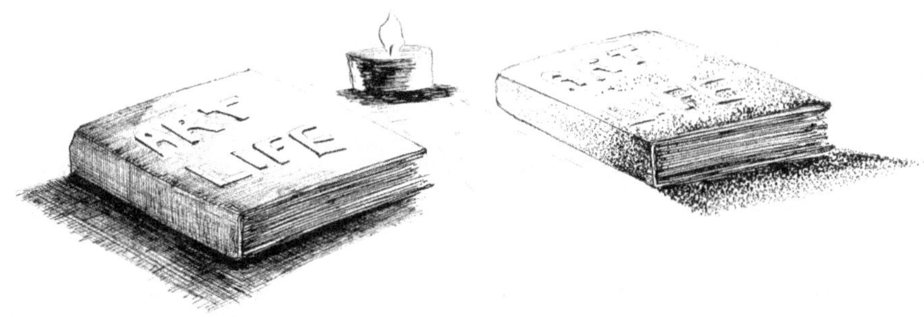

Hier sind die gleichen Skizzen vergrößert dargestellt:

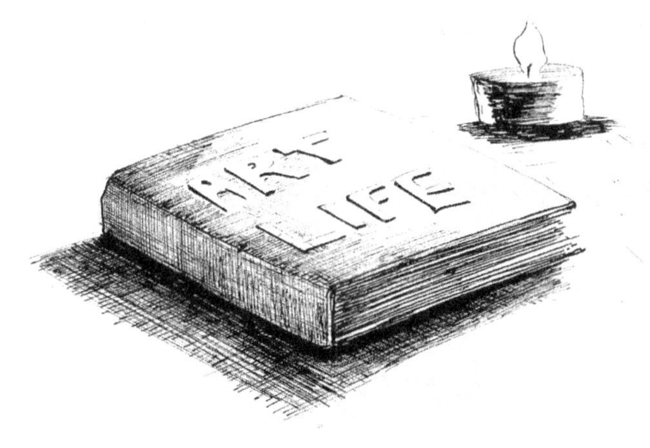

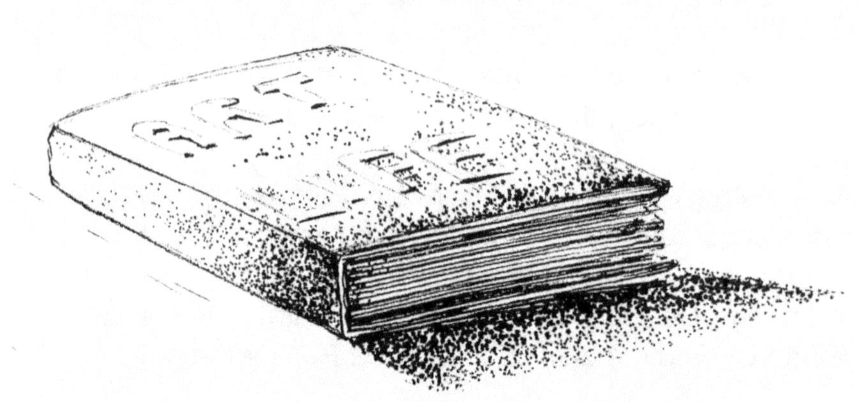

Gibt es Regeln, welche Beschattungstechniken unter welchen Bedingungen eingesetzt werden sollten?

Ja, es gelten die gleichen Regeln wie im Kapitel „Das Anfänger-Dilemma" erwähnt!

Es schadet jedoch nicht, ein paar Faustregeln zu verstehen.

Wenn du Schraffierung und Kreuzschraffur zusammen verwendest, verwende die Kreuzschraffur für dunklere Farbtöne (gesunder Menschenverstand, ich weiß).

Du kannst mehr als eine Schattierungstechnik im gleichen Bereich verwenden. Absolut in Ordnung. Wir werden in Kürze einige Beispiele sehen.

Mach, was dein Bauchgefühl dir sagt.

Das ist Kunst, keine verdammte Matheprüfung!

Eine knifflige Aufgabe für dich: Schau dir diese Skizze an und überlege, ob du alle verwendeten Schattierungstechniken erkennen kannst.

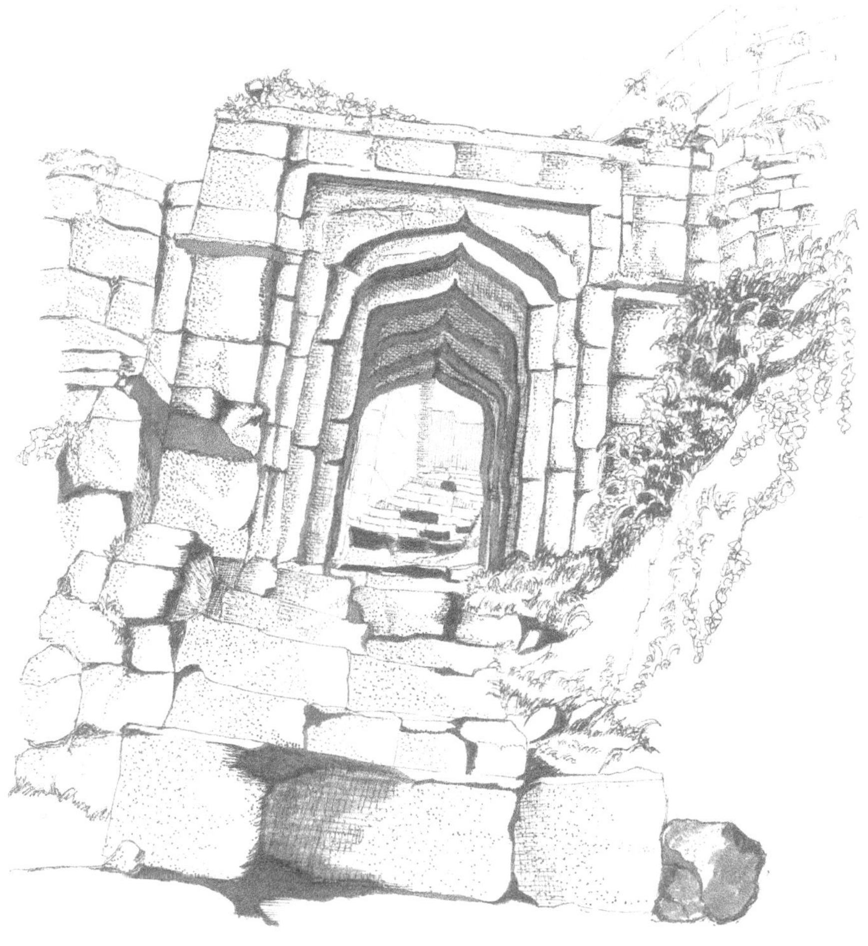

Kostenlose Ressource - „Spickzettel" für Schattierungstechniken mit dem Stift

Du kannst einen kostenlosen Spickzettel mit Techniken für Stiftschattierungen (PDF) von der folgenden Website herunterladen:

https://www.huesandtones.net/cheatsheet-DE/

Dies ist eine Kurzanleitung zu den Techniken für Stiftskizzen, die du bisher gelernt hast. Du kannst diese PDF-Datei ausdrucken und zum Üben der Schattierungstechniken mit dem Stift verwenden.

VERWENDUNG VON TINTE ZUM SCHATTIEREN

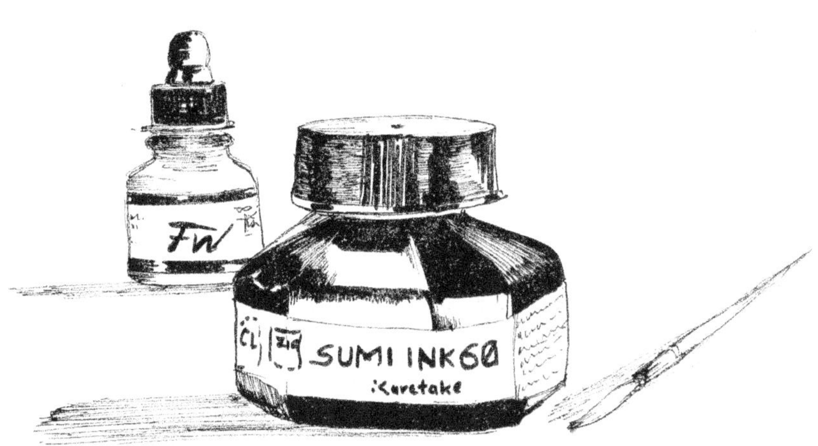

Die direkte Verwendung von Tinten für Schattenskizzen ist ein so umfangreiches Thema, dass ich es für notwendig hielt, ein eigenes Kapitel für diese eine Technik zu schreiben.

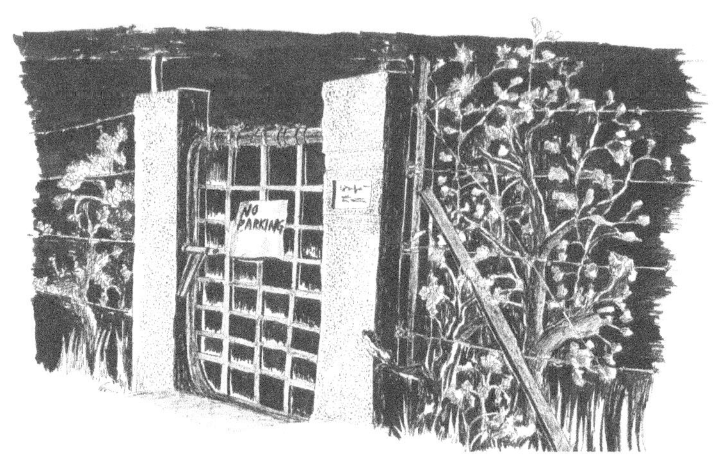

Wie sollte man sich entscheiden, ob man Stifte oder Druckfarben zum Schattieren verwendet?

Um das zu beantworten, betone ich nochmals: Das ist keine verdammte Matheprüfung! Es ist Kunst. Du entscheidest nach deinem Bauchgefühl.

Und natürlich nach den verfügbaren Materialien.

Welche Materialien benötigt man für die Farbschattierung?

Für den Anfang eine Tintenflasche. Ich habe im Abschnitt Materialien einige Arten von Tinten vorgeschlagen. Es steht dir jedoch frei, jede Marke zu verwenden, mit der du dich wohlfühlst.

Wenn du nicht weißt, mit welcher Tintenmarke du dich wohlfühlst, probiere am besten einige Marken aus, bevor du dich für eine entscheidest.

Suche nach „Tusche" oder „Acrylfarbe" in den Online-Shops oder deinem lokalen Kunstgeschäft.

Du benötigst ein paar Aquarellpinsel in verschiedenen Größen (drei Viertel synthetische Pinsel reichen aus). Eine Wasserbürste wäre ein zusätzlicher Vorteil.

Halte einen kleinen Topf mit Wasser zum Waschen der Pinsel bereit. Und einige weiche Seidenpapiere, um die Pinsel abzuwischen.

Ich benutze auch gerne eine Zahnbürste, um der Skizze einige interessante Effekte zu verleihen. Hier ist ein Beispiel. Sieh dir den interessanten Effekt an, der am Fuße der Hütte erzeugt wurde.

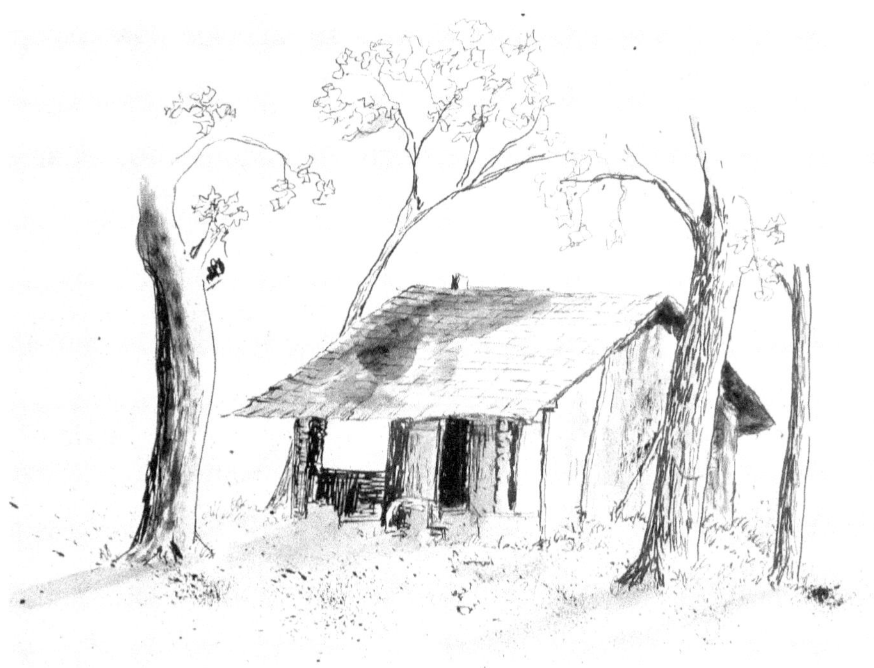

Um mit einer Zahnbürste zu spritzen, tauchen Sie zuerst die Borsten der Zahnbürste in die Farbe/Tinte. Bevor Sie die Zahnbürste von der Farbe entfernen, stellen Sie sicher, dass sie nicht tropfnass vor Farbe ist, sonst verursachen Sie ein Chaos in Ihrem Arbeitsbereich und auf dem Papier!

Halten Sie nun die Zahnbürste über die Stelle, an der Sie die Farbe mit den Fingern auftragen möchten. Halten Sie die Bürste so nah wie möglich am Papier, ohne es zu berühren. Schnippen Sie mit dem Daumen vorsichtig die Borsten, damit die Farbe auf das Papier spritzt.

Natürlich sind den Materialien, die du verwenden kannst, keine Grenzen gesetzt. Du kannst Zweige, Zahnstocher, Gewebepapiere, Plastikfolien, Zahnbürsten, Finger oder andere Werkzeuge verwenden, die dir einfallen.

Du kannst einen Stift mit Pinselspitze verwenden, um den gleichen Effekt wie mit einem Pinsel zu erzielen, der einen dunklen Farbton erzeugt.

Sowohl Stifte als auch Druckfarben erzeugen ihre eigene Schönheit. Man kann also nicht wirklich sagen, dass einer von ihnen besser ist als der andere.

Aber wenn es um die Beschattung großer Flächen geht, reduziert der Einsatz von Farben den Aufwand deutlich.

Tinten erzeugen zusammen mit Pinseln und anderen Werkzeugen „organischere" Linien, während Stifte gleichmäßigere Linien erzeugen.

Auch hier ist das eine nicht besser als das andere. Du kannst beide aufgrund ihrer Vorteile in Kombination verwenden.

Du kannst Tinte verwenden, um entweder sehr dunkle Farbtöne zu erzeugen.....

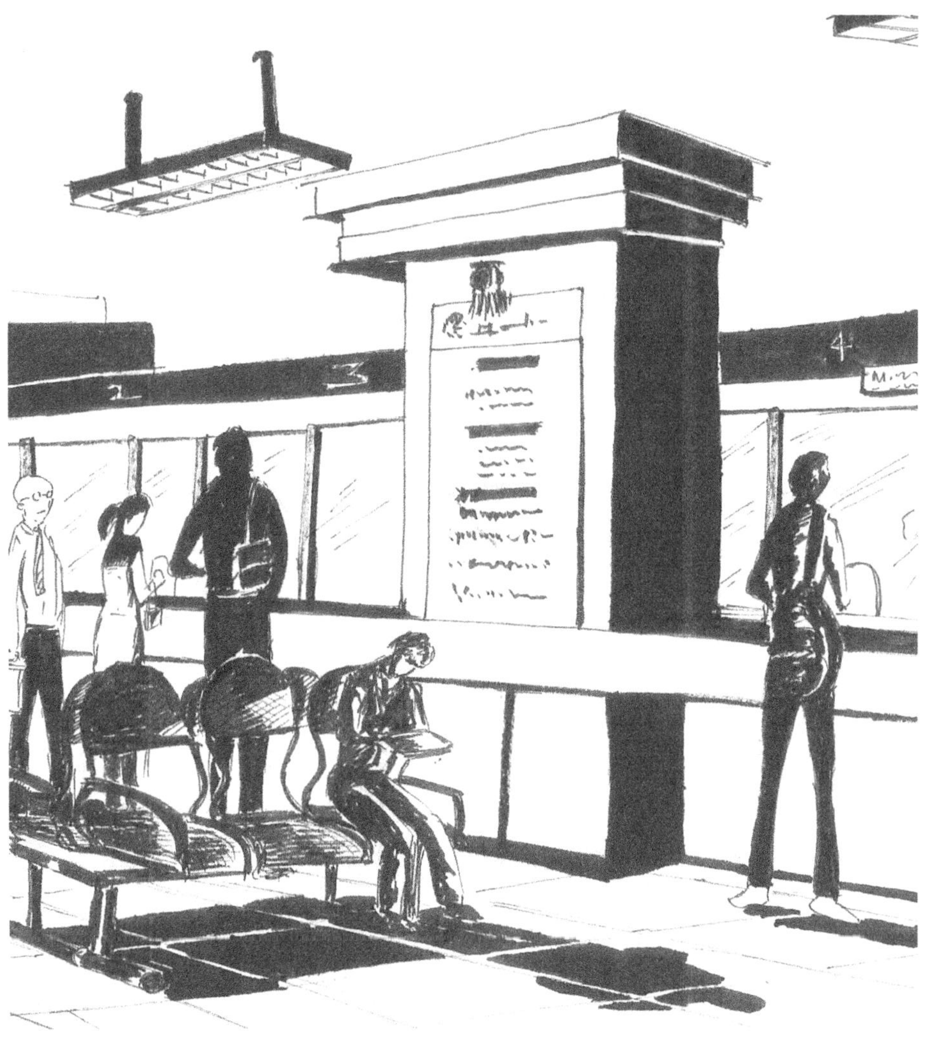

...oder Grautöne.

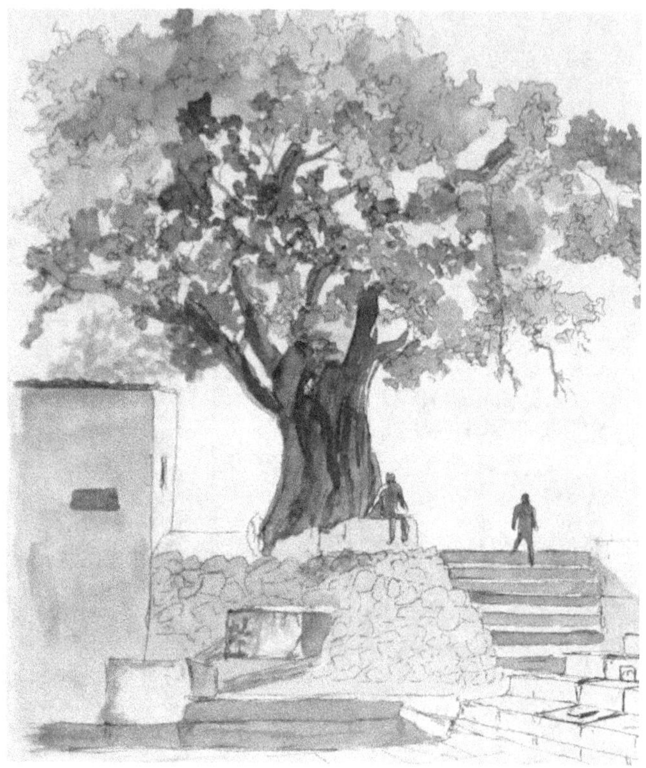

Beide Methoden haben ihre Vorteile. Die eine ist nicht unbedingt besser als die andere.

Ob du Kugelschreiber, Druckfarben mit dunklen Farbtönen, Druckfarben mit Grautönen oder eine Kombination aus diesen verwendest, hängt ganz von deinem Bauchgefühl und den verfügbaren Materialien ab.

Ich denke, ich habe diesen Punkt des „Bauchgefühls" jetzt ausreichend betont.

Also los geht's. Hören wir auf zu denken und fangen wir an Farbe aufzutragen!

So sehen die verschiedenen Striche aus.

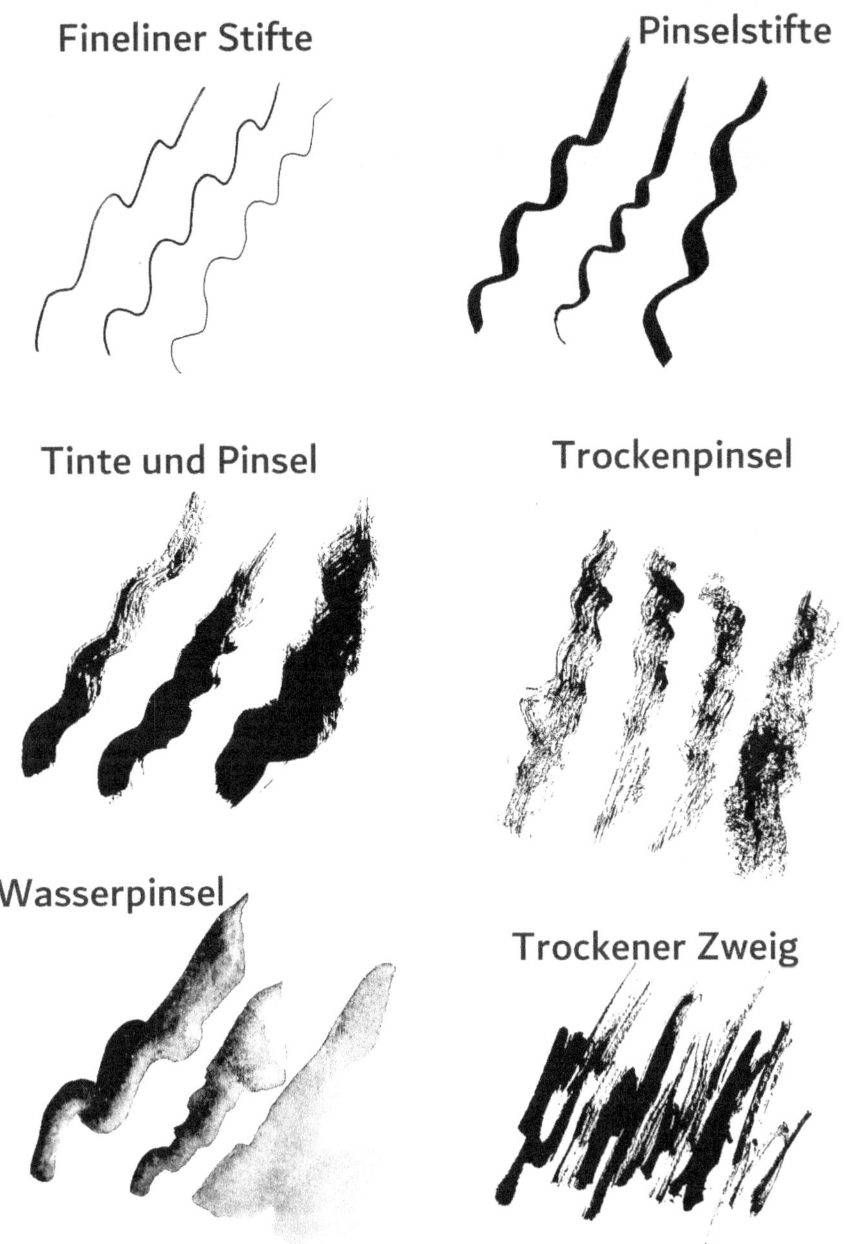

Nun lernen wir im Detail, wie man verschiedene Objekte mit Stift und Tinte skizziert. Wir werden verschiedene Themen behandeln und mehr über spezifische Schattierungsmethoden erfahren, die zur Erstellung von Texturen verwendet werden.

Beginnen wir mit einem Thema, bei dem die Wahrscheinlichkeit, dass etwas schief geht, sehr gering ist.

Get-Set-Sketch!

BÄUME, GRÄSER UND STRÄUCHER

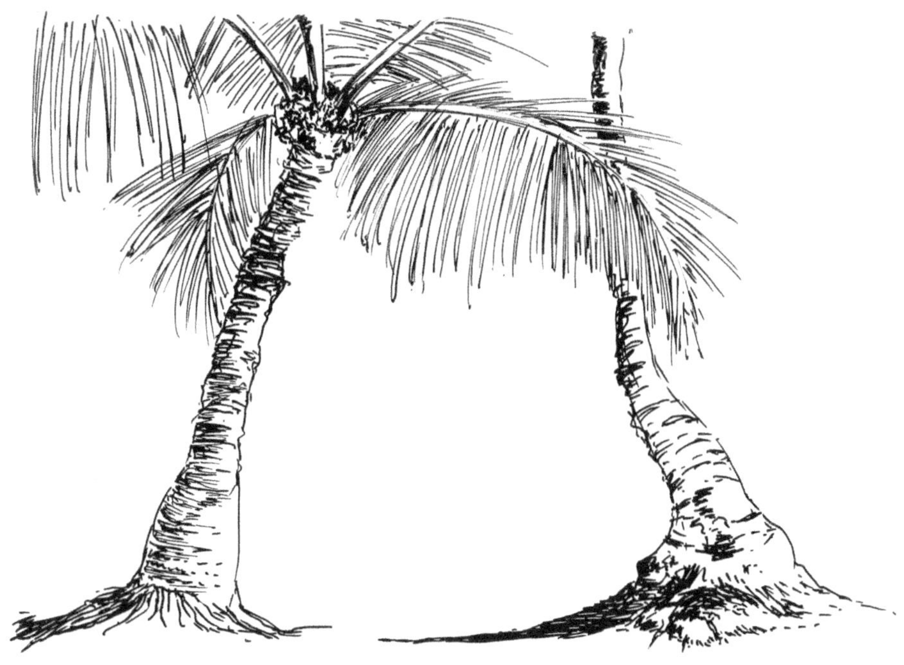

Es gibt praktisch unendliche Arten von Bäumen, Sträuchern und verschiedenen Pflanzen auf diesem Planeten.

Bäume sind ein sehr spannendes Thema zum Skizzieren.

Baum- und Strauchblätter stellen eine interessante Herausforderung für das Skizzieren dar, denn jedes Blatt zu skizzieren ist nicht praktisch, und nur den Umriss zu skizzieren ist nicht genug.

Auch die Baumrinden bieten Herausforderungen (und Möglichkeiten), mit verschiedenen Texturen zu experimentieren.

Hier habe ich die Baumrinde (links) mit feinen Details und daneben etwas weniger detailliert dargestellt.

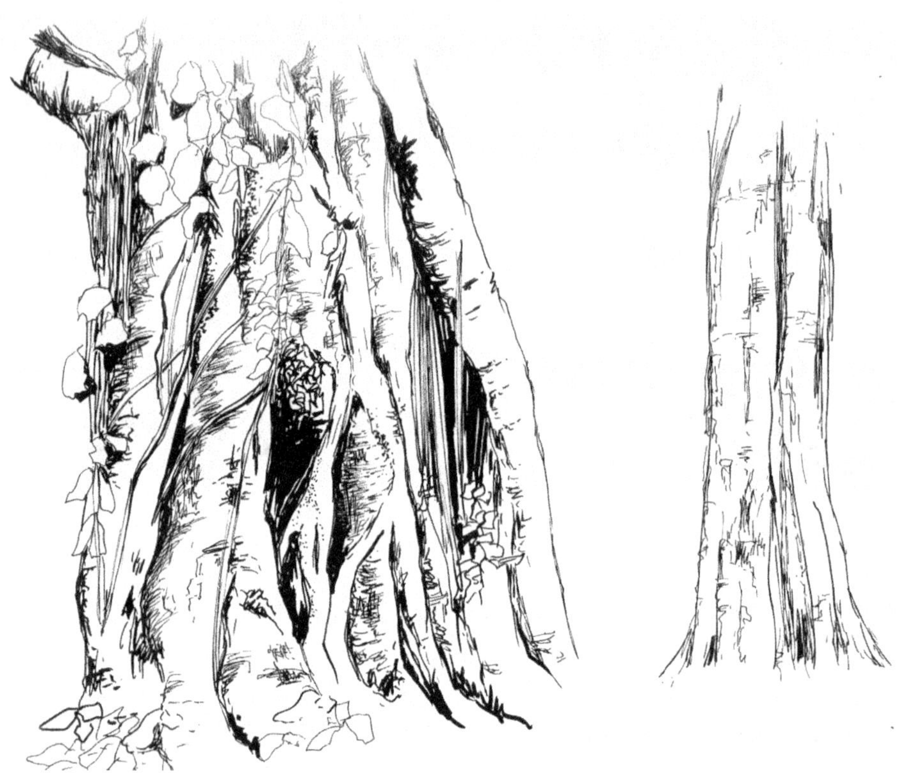

Weiter unten siehst du einen Baum, der komplett als Silhouette dargestellt ist.

Beachte, dass es Lücken zwischen den Blättern gibt. Diese werden „Himmelslöcher" genannt und sind Bereiche, in denen Blättern weggelassen werden, um die Skizze glaubhafter zu machen.

Fülle niemals die gesamte Fläche der Baumkronen aus.

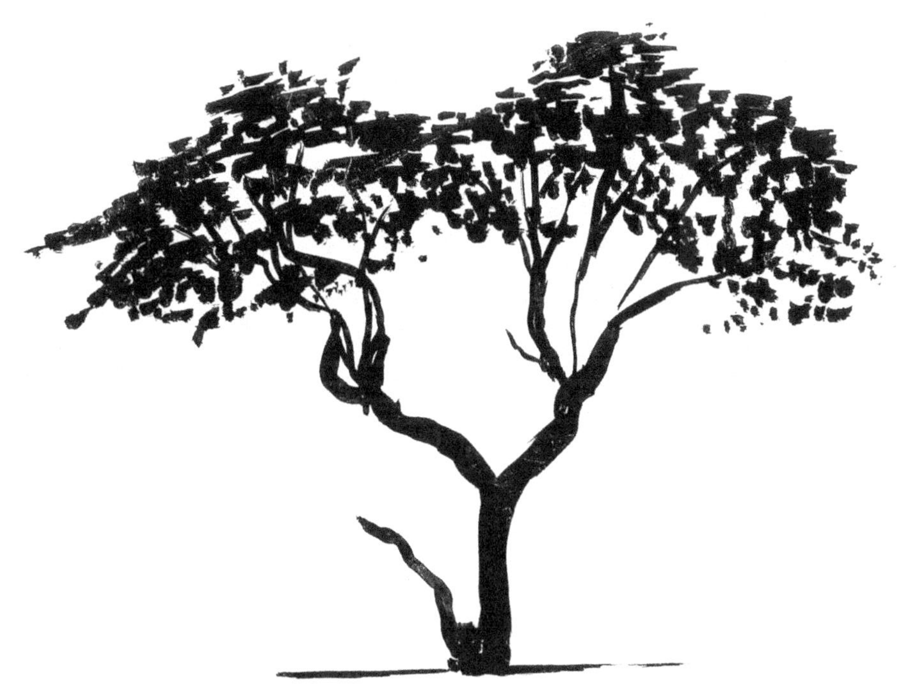

Wie detailliert du deine Skizze zeichnen möchtest, hängt vom jeweiligen Thema, der Skizzengestaltung, der verfügbaren Zeit und natürlich von der Stimmung der/des KünstlerIn ab.

Künstlerische Stimmung? Ist so etwas überhaupt wichtig? Verdammt ja!

Aber wie auch immer, wenn wir von Bäumen sprechen....

Der beste Weg, das Skizzieren von Bäumen zu üben, ist, das Pflanzenleben um dich herum zu beobachten und zu skizzieren.

Denke daran, die Konturmethode der Schattierung zu verwenden, um Texturen hervorzuheben. Die Baumstämme sind typischerweise zylindrisch geformt, und die Rundung der Rinde muss beim Zeichnen der Textur betont werden.

Nachfolgend zeige ich einige Beispiele von Baumstämmen. Natürlich sind die Arten, wie bei allem in der Natur, endlos.

Beachte, wie ein paar einfache Konturstriche, kombiniert mit hellen und dunklen Bereichen, das Volumen und die raue Struktur der Rinde hervorheben.

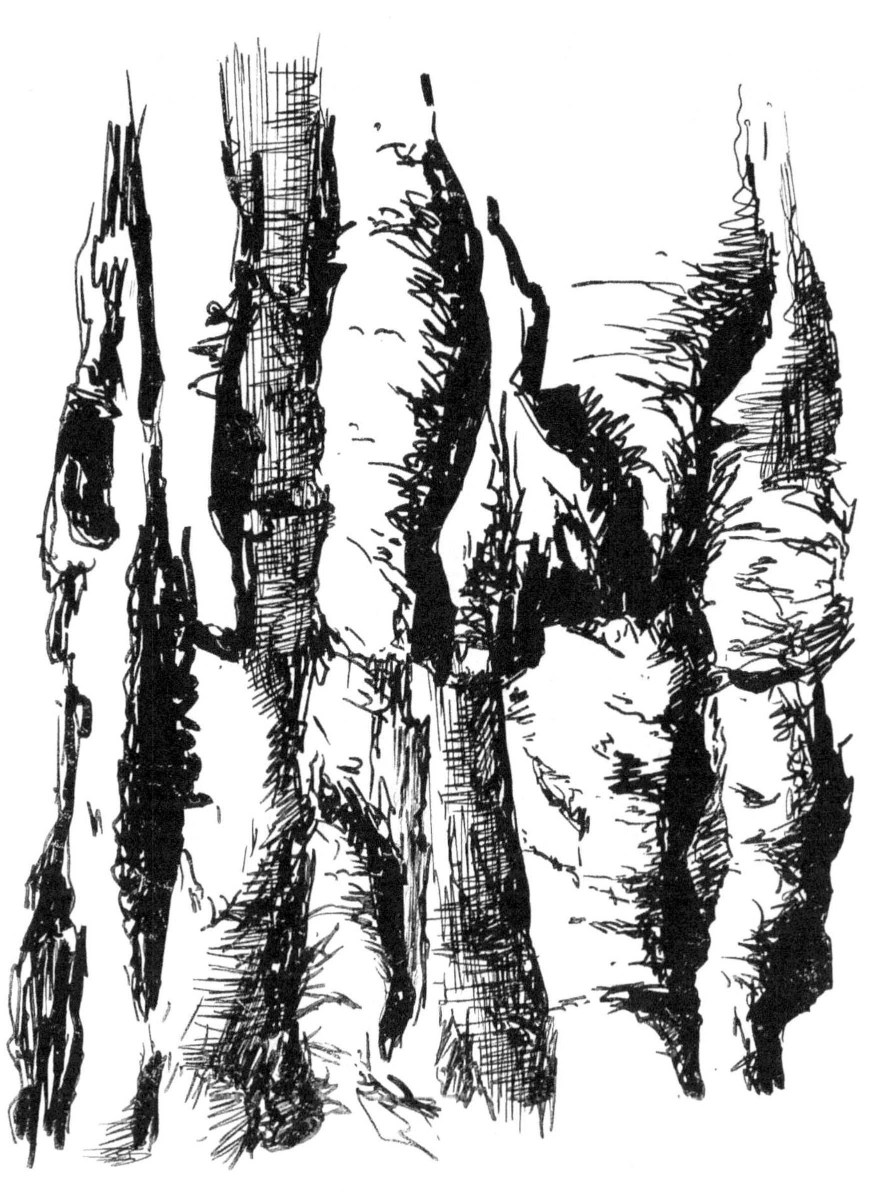

Dies ist eine kurze Skizze des Stammes einer (Dattel-)Palme.
Achte darauf, wie die ineinandergreifenden Teile der Rinde mit
wenigen dunklen Strichen angezeigt werden.

Wenn du Bäume zeichnest, konzentriere dich auf den
Gesamteffekt und nicht auf zu viele Details.

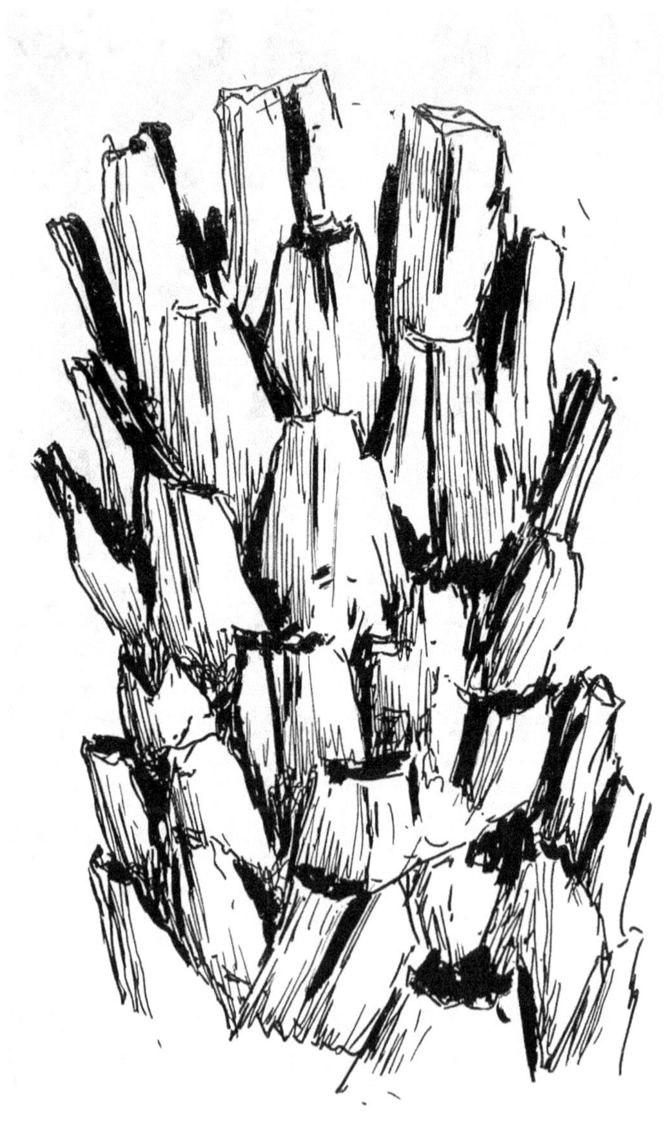

Get-Set-Sketch!

Bäume werden oft mit Gras/anderen Bäumen oder sonstigen Objekten kombiniert. Im Bild unten sind die beiden Stämme im Vordergrund zusammen mit etwas Gras die wichtigsten Themen.

Um sie hervorzuheben und alles andere in den Hintergrund zu schieben, habe ich vertikale Schraffuren verwendet.

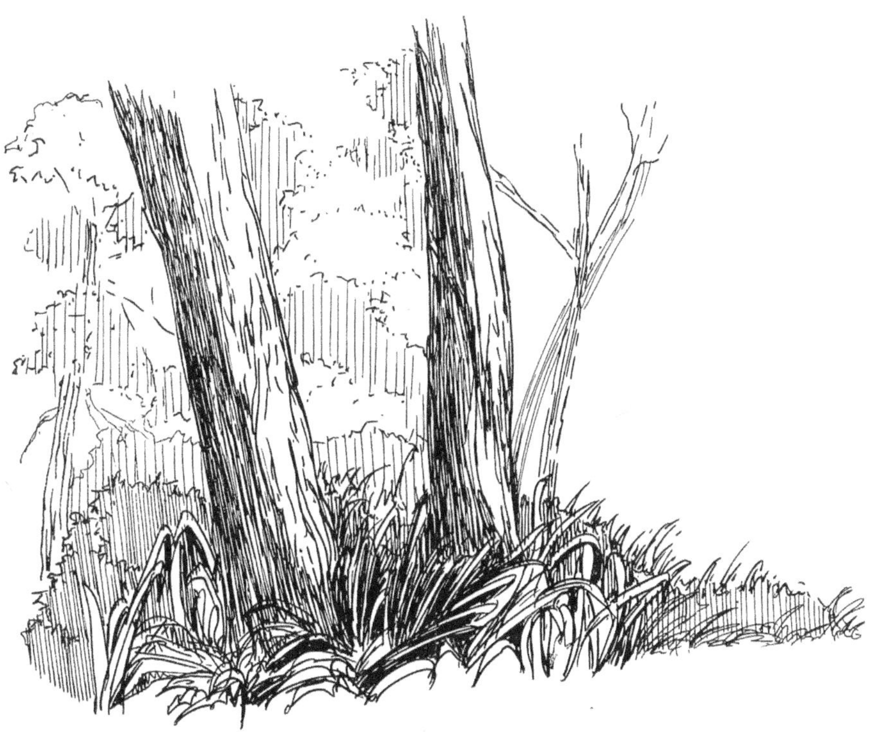

Vertikale Schraffurstriche sind besonders nützlich, wenn du unscharfe Hintergründe skizzierst. Ich habe die gleiche Art von Strichen in der „kniffligen Übung" am Ende des Kapitels über Schattierungstechniken gegeben.

Im folgenden Bild gab es zu viel visuelles Durcheinander. Es gibt einen Maschendrahtzaun im Hintergrund und zwei Bambusstäbe im Vordergrund, zusammen mit einer Reihe von Pflanzen.

Um eine bessere visuelle Klarheit zu erhalten, habe ich selektiv dunkle Farbtöne verwendet und die Details der Blätter in einigen Bereichen auf ein Minimum reduziert.

Außerdem habe ich besonders darauf geachtet, dass die Linien des Zauns im Hintergrund relativ gerade sind. Selten sind die Linien so gerade in der Natur - dies schafft einen starken Kontrast zwischen diesem künstlichen Objekt und den natürlichen Pflanzen.

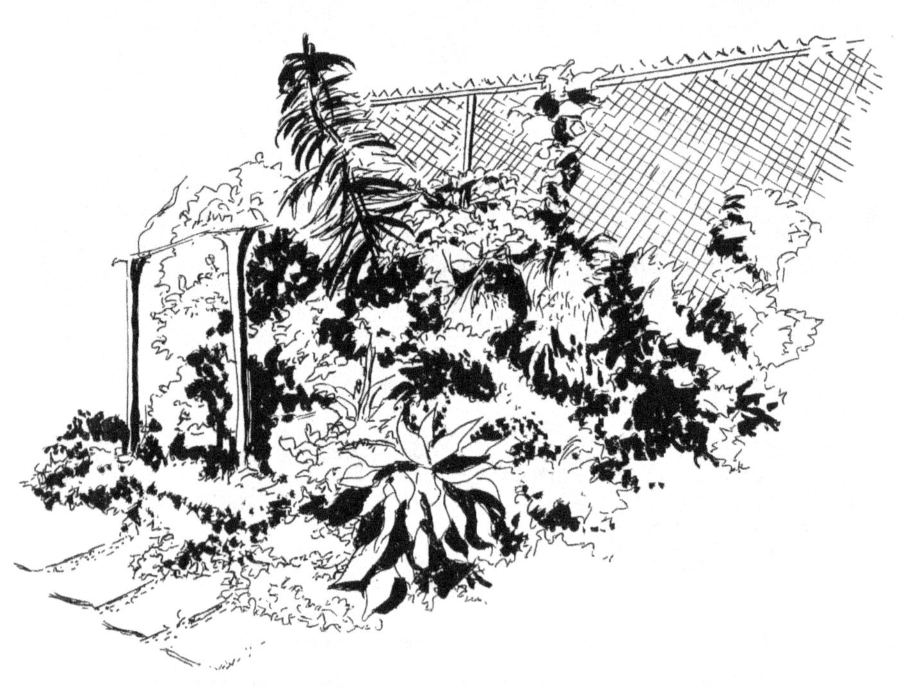

Get-Set-Sketch!

Nachfolgend siehst du den Teil einer Skizze, in der die Konturlinien für die Rindentextur den zufälligen Strichen für Blätter gegenübergestellt werden.

Beobachte noch einmal, wie der Kontrast zwischen verschiedenen Schattierungstechniken zur visuellen Klarheit einer Skizze beiträgt, die sonst sehr überladen gewesen wäre.

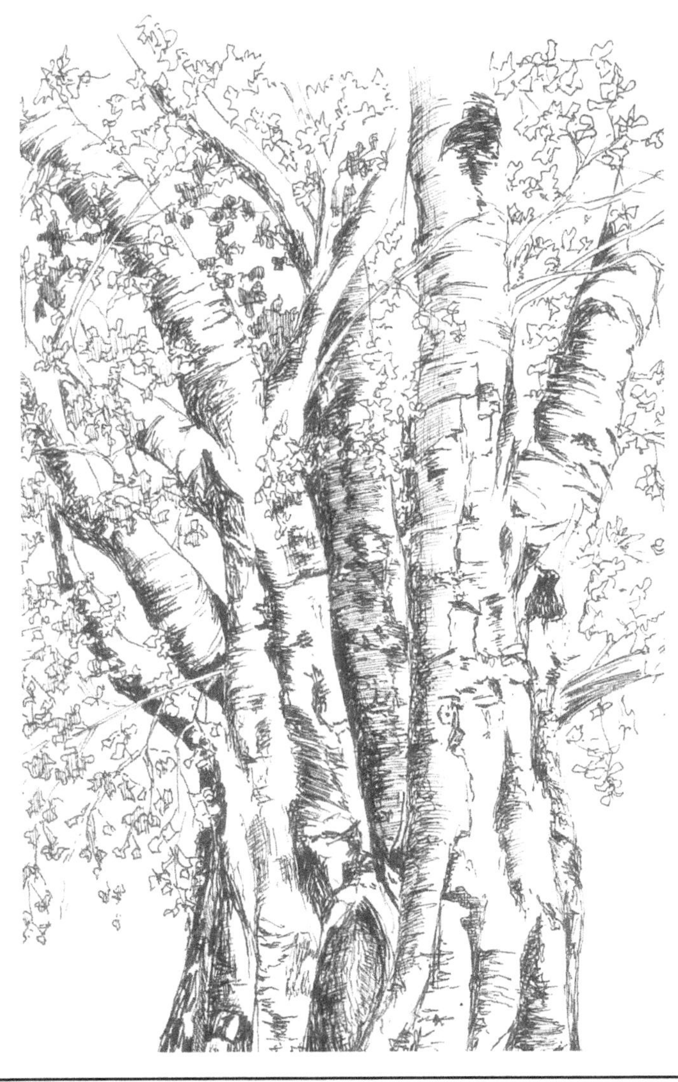

Beobachte auch, wie wichtig Weißräume sind, um visuelle Klarheit zu erreichen.

Ohne Leerräume wäre die nächste Skizze ein Durcheinander aus nicht erkennbaren Stiftstrichen.

Leerräume sind genauso wichtig wie Stift-/Tintenarbeiten in einer Skizze.

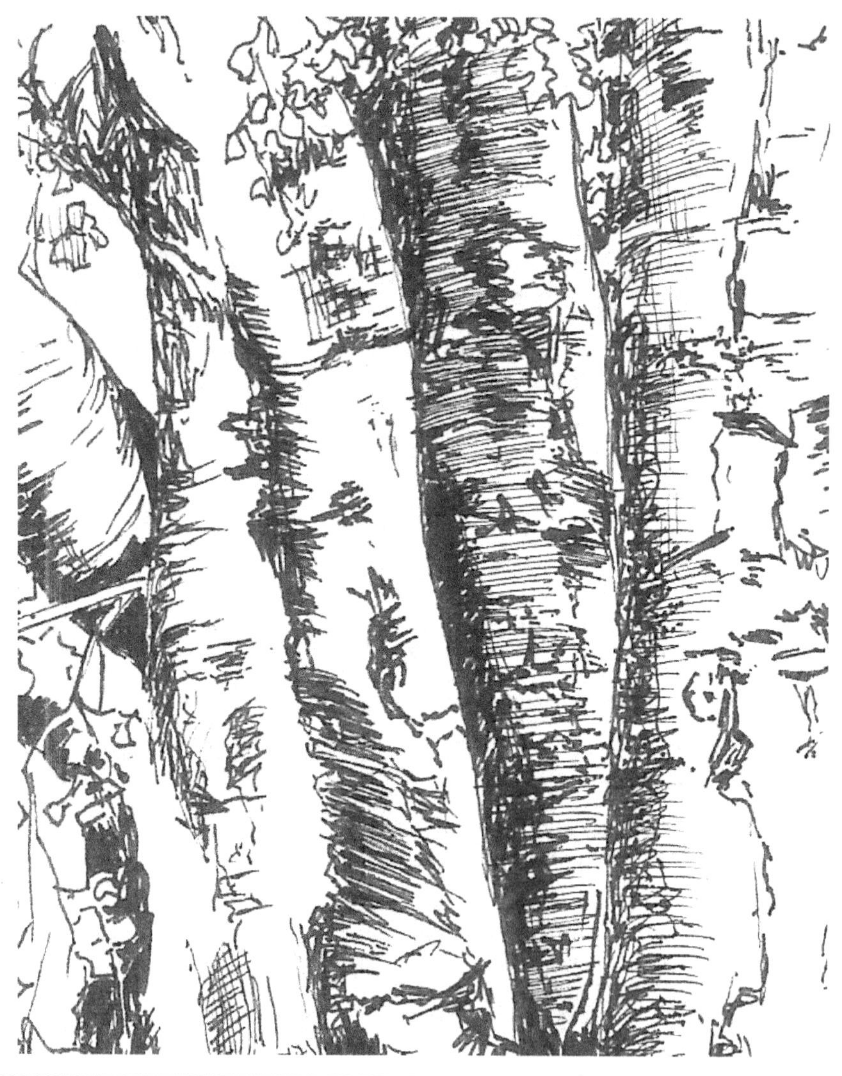

STEINE UND FELSEN

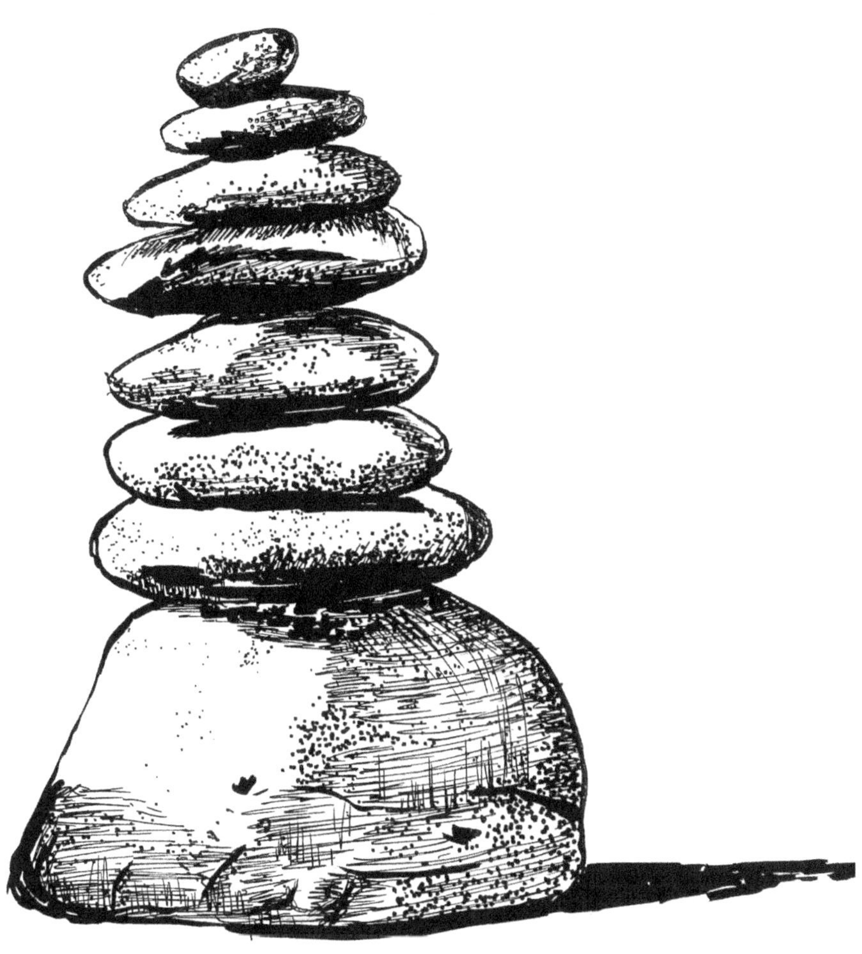

Steine und Felsen sind ein weiterer „einfacher" Gegenstand des Zeichnens, was bedeutet, dass sie nicht so viel Genauigkeit erfordern wie Porträts oder Gebäude.

Allerdings müssen wir uns bei der Skizzierung von Felsen viel mehr der Werte bewusst sein.

Felsen gibt es in verschiedenen Arten wie harte Felsen, Felsen mit scharfen Kanten, glatte Kieselsteine, körnige Felsen etc.

Genau wie Bäume und Sträucher gibt es praktisch unendlich viele Arten von Steinen.

Wir werden sehen, wie man einige dieser Sorten skizzieren kann.

Fels mit harten Kanten - Das ist eine lustige Art von Fels zu zeichnen, da es so viele Möglichkeiten gibt, harte Kanten und dunkle Stellen in den Ecken und Spalten zu zeichnen.

Beachte die feinen Linien, die auf die Oberfläche der Felsen gezeichnet wurden. Es ist wichtig, diese nicht zu sehr einzusetzen, um Unordnung zu vermeiden.

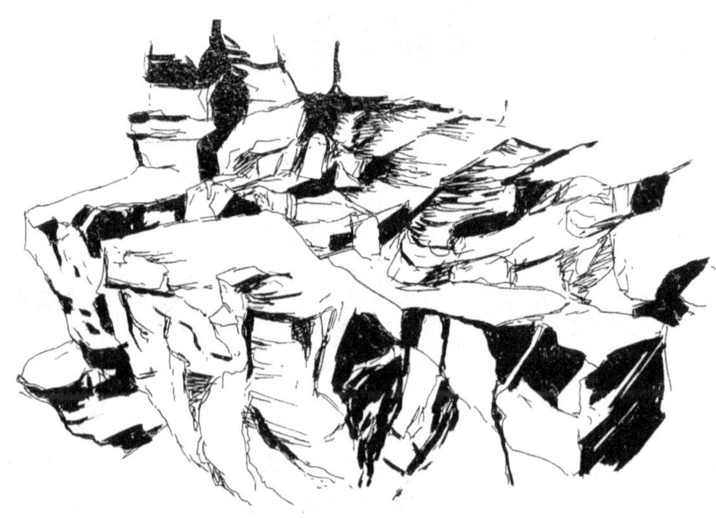

Auf der nächsten Seite ist ein weiteres Beispiel für raue Felsen mit etwas Moos darauf.

Beachte, wie das Moos durch Punktieren dargestellt wird.

Get-Set-Sketch!

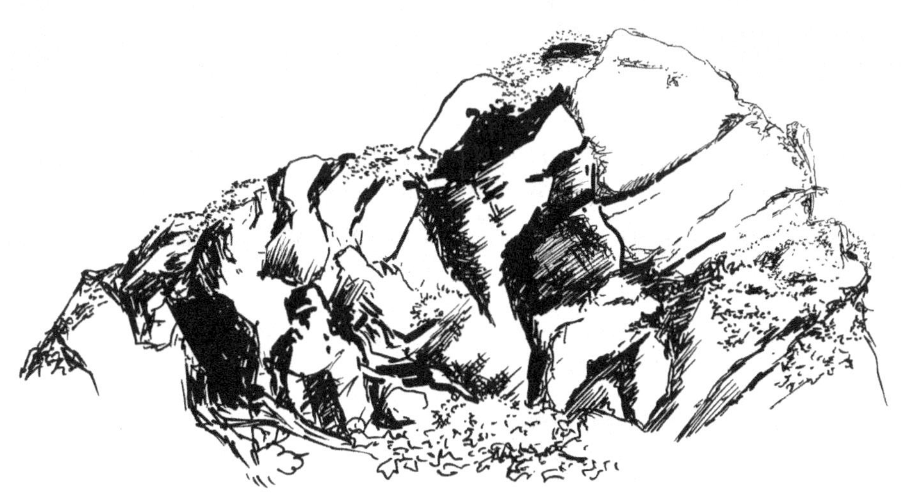

Große Felsen in trockenen Regionen - Diese sind absichtlich sehr dunkel im Schattenbereich schattiert, so dass der weiße Teil heller erscheint.

Diese Felsen haben vergleichsweise glatte Oberflächen, aber viele Risse und Ecken.

Beachte die minimale Detaillierung und die meist dunklen Werte im Schattenbereich.

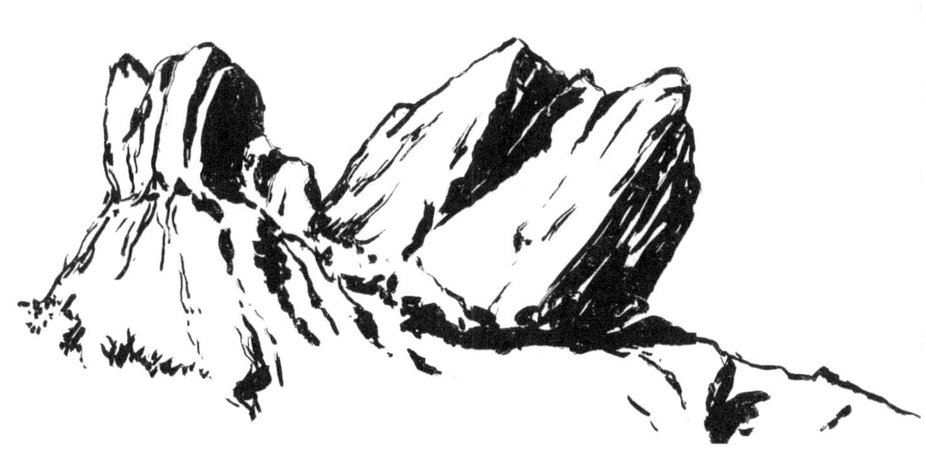

Glatte Kieselsteine - Die Geschmeidigkeit wird durch eine minimale Schattierung betont.

Allerdings sind die Felsen nicht komplett glatt. Sie weisen feine, sommersprossenartige Muster auf. Diese Muster werden durch Punktierung dargestellt. Die rauheren Stellen auf den Felsen werden durch Schraffierung/Kreuzschraffur dargestellt.

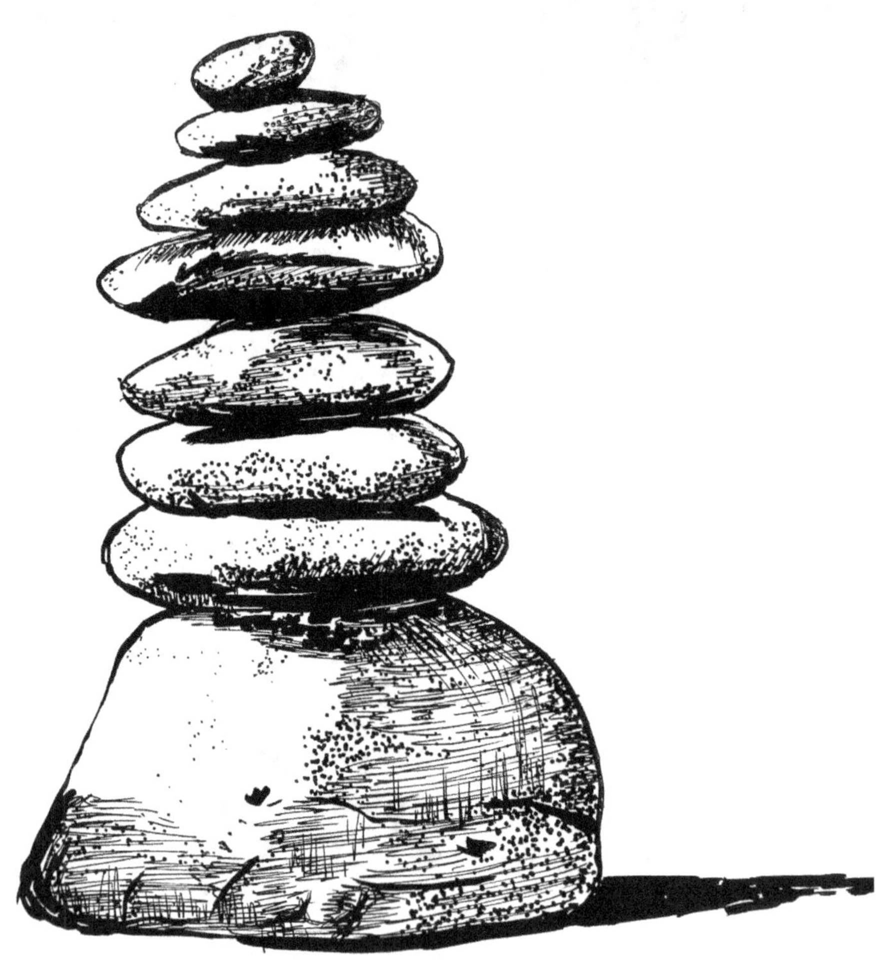

TIERFELL

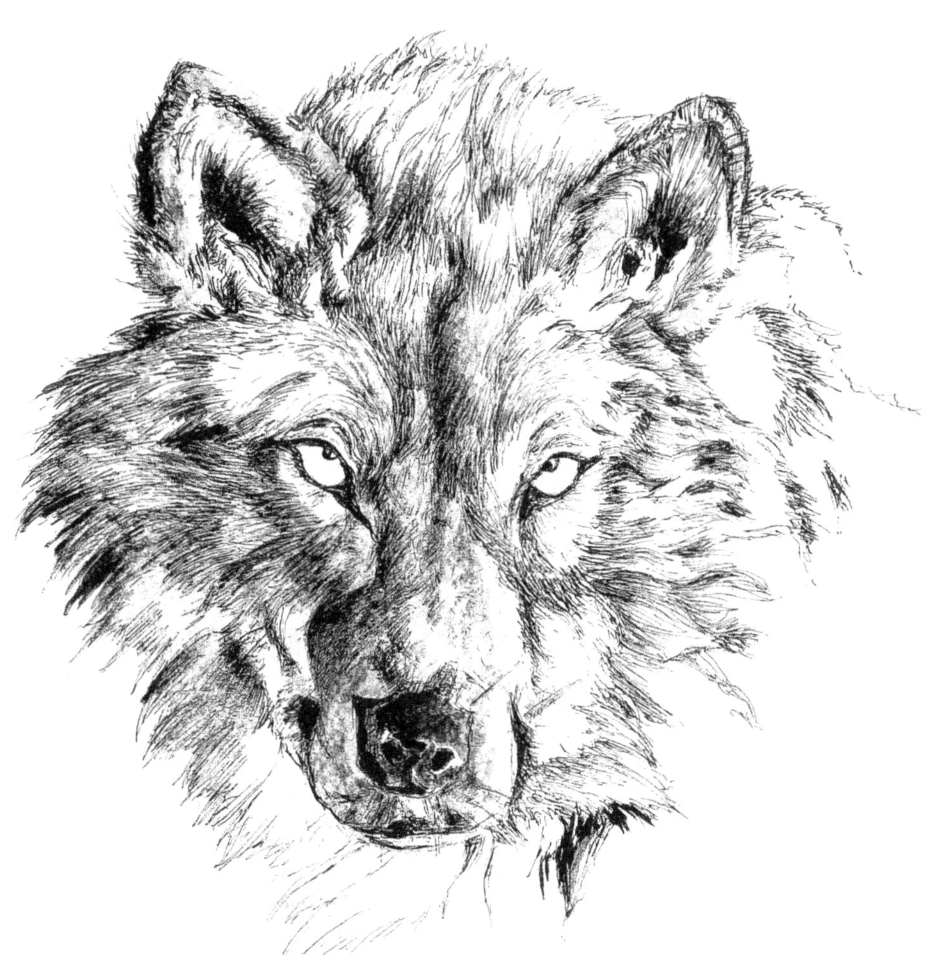

Beim Skizzieren von Tierfell verwenden wir eine Art von Strich, die eine Variante des Schraffierens ist.

Diese Art von Strich wird als „Kreuzschraffur" bezeichnet.

Diese Schraffur sieht aus, wie die Technik, die wir für Gras verwenden.

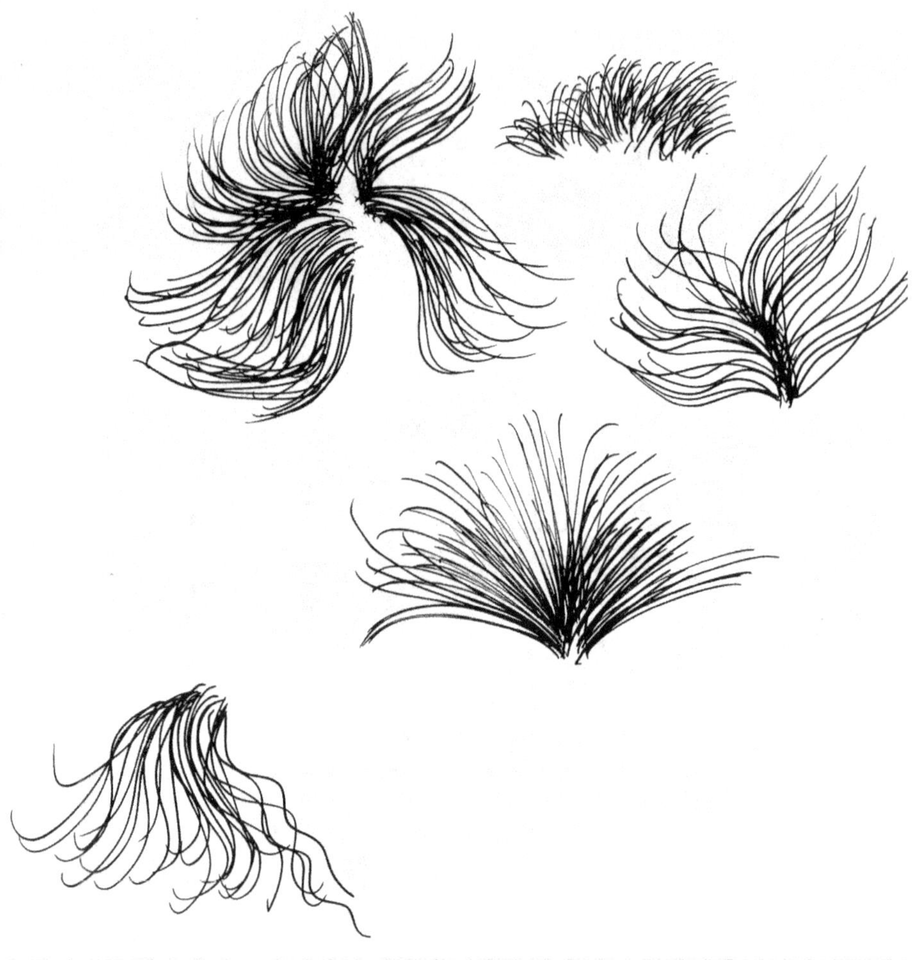

Während du die Kreuzschraffur verwendest, um Tierpelze zu skizzieren, denke an diese beiden wichtigen Punkte:

a) Tierfell strahlt aus tierischen Körpern/Gesichtern aus.
b) Es gibt keine einheitliche Fellfläche an einem Tier. Stattdessen gibt es verschiedene Gruppen von Fell.

Get-Set-Sketch!

Beobachte in dieser Panda-Skizze, wie das Fell aus der Mitte des Gesichtes zu den Enden des Gesichts zu verlaufen scheint.

Beachte auch, wie viel Platz leer gehalten wird! Es kann nie genug betont werden, dass Leerflächen so wichtig sind wie die Tinte selbst.

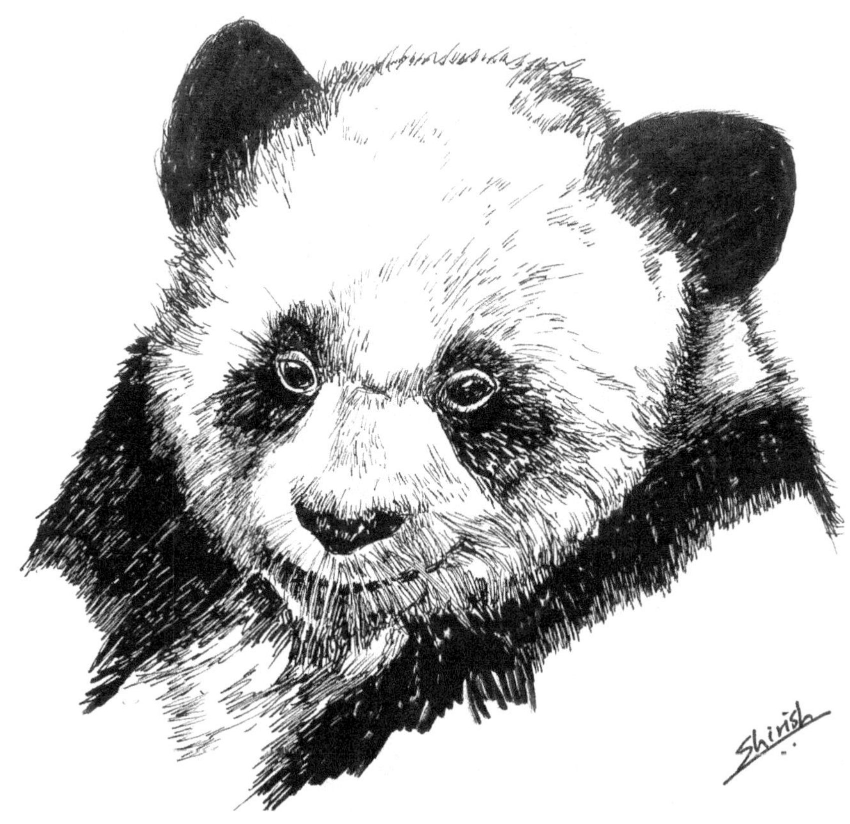

In dieser Löwenskizze unten siehst du, wie die kreuzförmigen Stiftbewegungen nach außen ausstrahlen, um die Mähne anzuzeigen.

Die mit dem gleichen Stift gezeichneten Kreuzschraffuren zeigen jedoch nicht behaarte Stellen im Gesicht an.

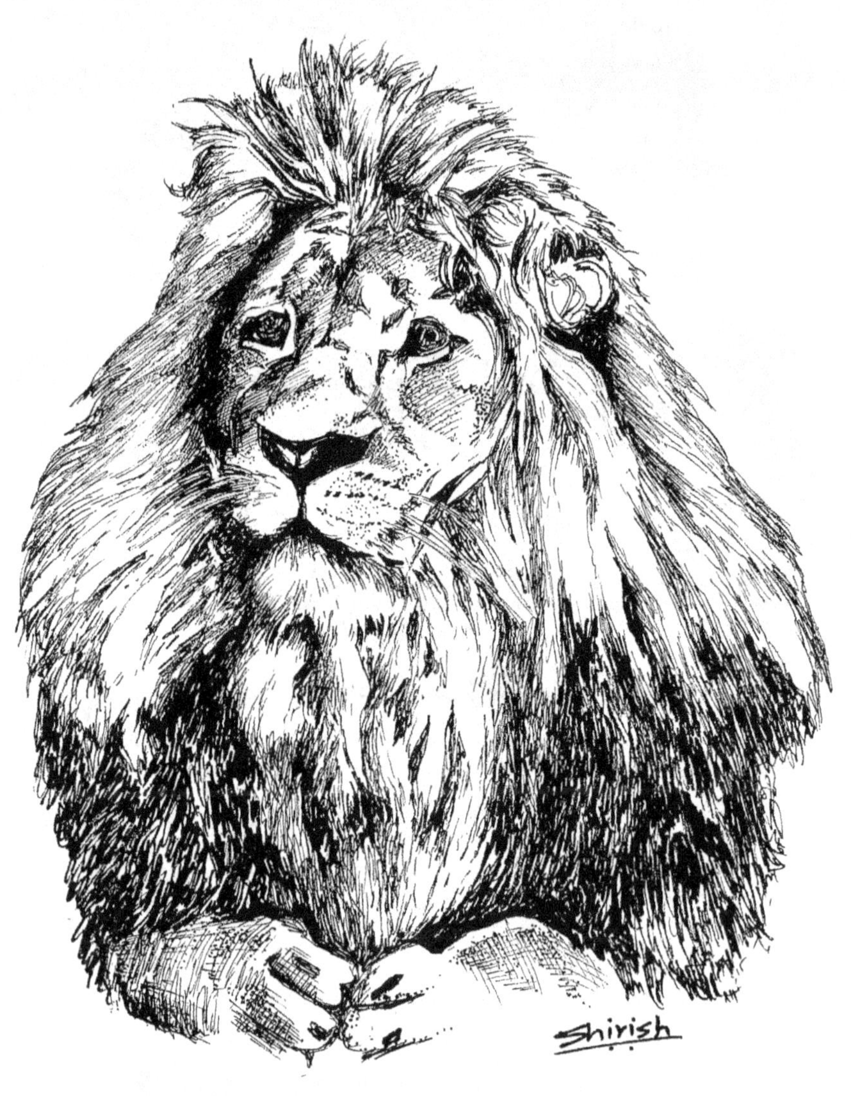

 Get-Set-Sketch!

Ist es nicht interessant, dass die Änderung des Strichstils uns plötzlich dazu bringt, die Bereiche als unterschiedliche Texturen zu betrachten?

Das ist die Magie des Kontrasts! In diesem Fall ist es der Kontrast zwischen zwei Schattierungstechniken (Kreuzschraffur und Kreuzverzweigung).

Man kann die Kombination Pinsel + Stifte auch zur Darstellung von Fell verwenden, wie in den folgenden beiden Beispielen gezeigt.

Hier habe ich helle Grautöne verwendet, gefolgt von feinen Kreuzlinien.

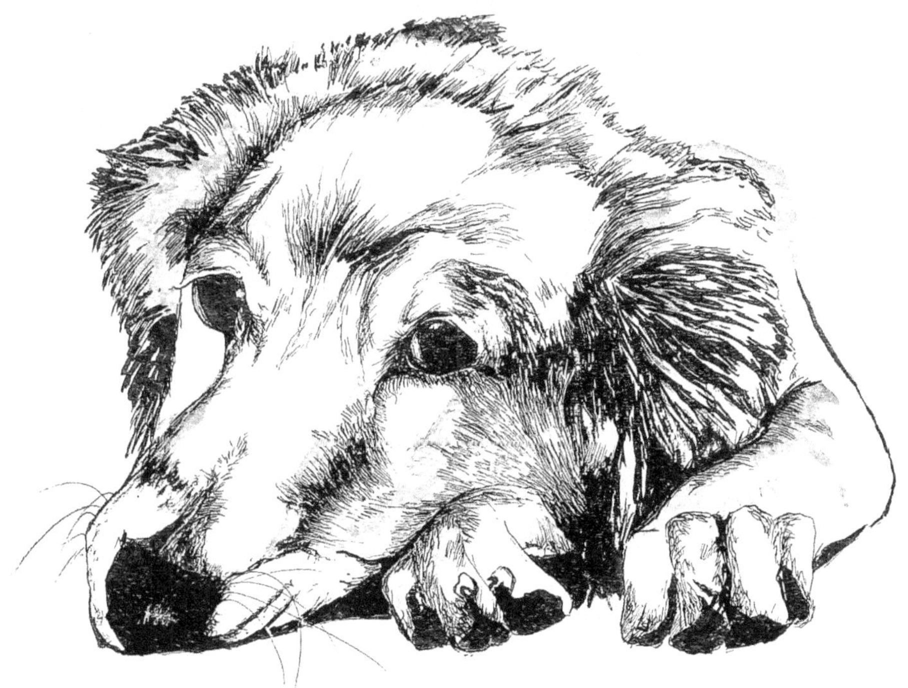

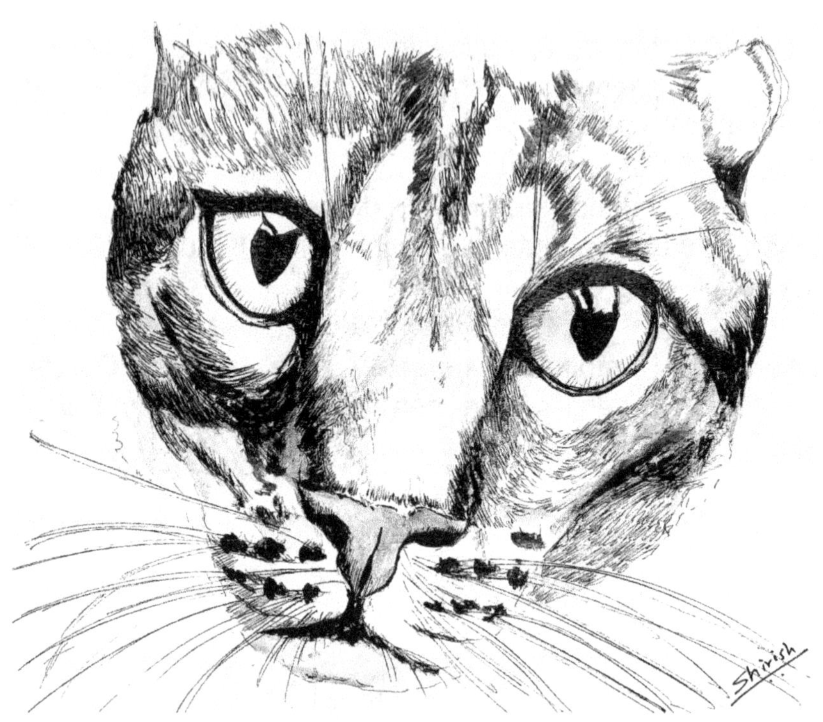

Get-Set-Sketch!

HOLZ

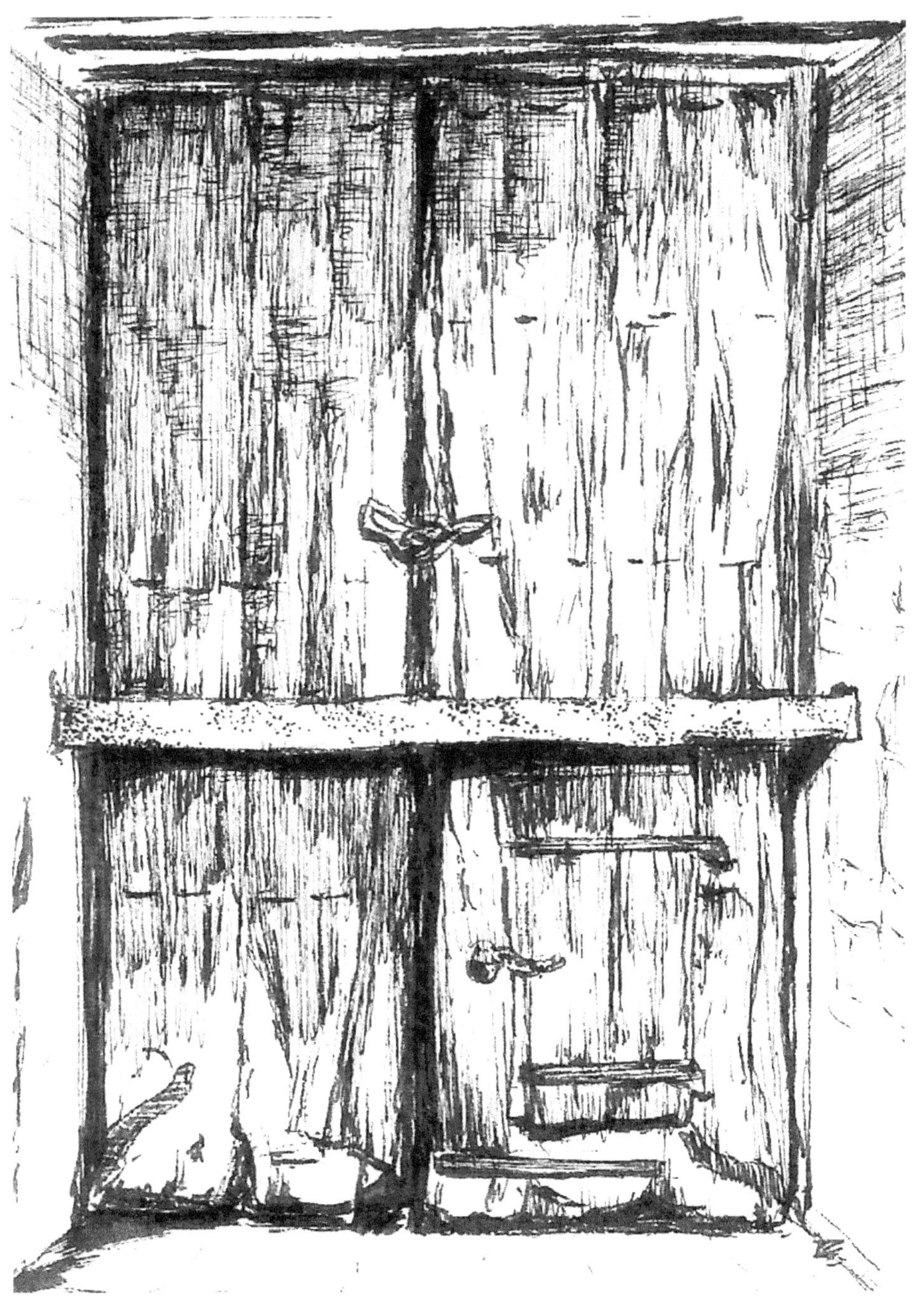

Holz, wie es im Haus-, in Scheunen- und für Türen verwendet wird, ist ein interessantes Skizzenobjekt.

Die Schattierung, um die Textur im Holz hervorzuheben, ist einfach - wie ich unten zeige.

Die Skizze kommt jedoch wirklich gut zur Geltung, wenn man den Charakter des Ortes jenseits des einfach aussehenden Holzes versteht.

Schau dir diese Holztür an und sag mir, ob du nur das Holz siehst, oder nicht auch jahrzehntelange menschliche Erinnerungen und Emotionen, die an dieser Tür hängen!

Das ist nicht nur eine Tür, es ist eine Geschichte des Ortes!

Ich werde hier emotional!

Gib mir einen Moment, um mich wieder zu fangen...

Also.... wo war ich?

Ahh, ich wollte dir zeigen, wie du die Holzstruktur zeichnen kannst.

Richtig!

Also, hier ist das Geheimnis. Bereit?

Betrachte dieses Bild von ein paar Holzbohlen nebeneinander.

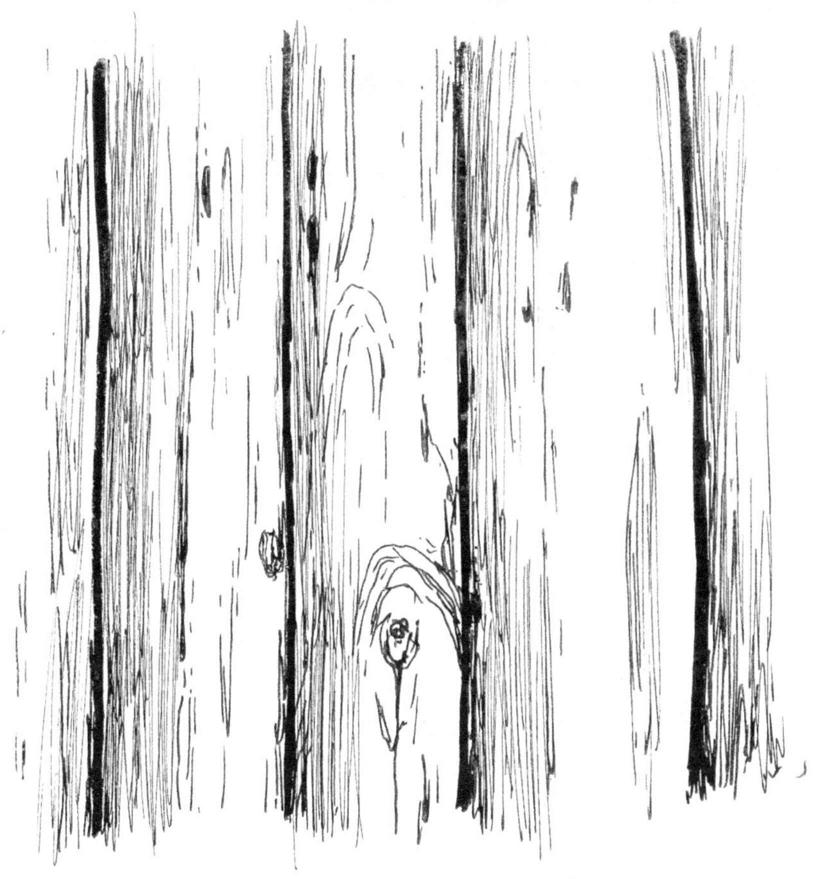

Du kannst hier 2 Arten von Strichen entdecken:

a) Diejenigen, die senkrecht über die gesamte Länge des Holzes verlaufen. Diese sind vertikal und gebrochen. Beachte auch, dass, obwohl sie parallel zueinander sind, keine zwei benachbarten Hübe die gleiche Länge haben. Die Striche sind ebenfalls leicht gewellt und nicht gerade.

b) Die halbkreisförmigen zeigen das Erbe des Baumes, aus dem das Holz gewonnen wird. Nochmals, beachte, wie die Schraffuren irgendwie auf halbem Weg bleiben.

Abgesehen davon gibt es einige kleine Löcher im Holz. Zusammen ergeben diese Faktoren ein natürliches Gefühl für die Holzskizze.

Da die Spalten zwischen den Brettern sowie die Striche auf den Brettern senkrecht sind, wie können wir die Bretter optisch trennen?

Sie werden voneinander getrennt, indem die Spalten zwischen den Brettern verdickt werden. Hier verwenden wir dunkle Werte, um die Trennung zwischen Brettern anzuzeigen und helle Werten für die Textur auf den Brettern selbst.

Über den Texturlinien befinden sich dünne Striche, die Schatten anzeigen.

Eine wichtige Sache, die man immer im Hinterkopf behalten sollte: Niemals der Versuchung nachgeben, „etwas mehr Texturierung" zu machen. Das folgende Bild zeigt ein Beispiel, wie man eine minimale Textur auf das Holz zeichnet.

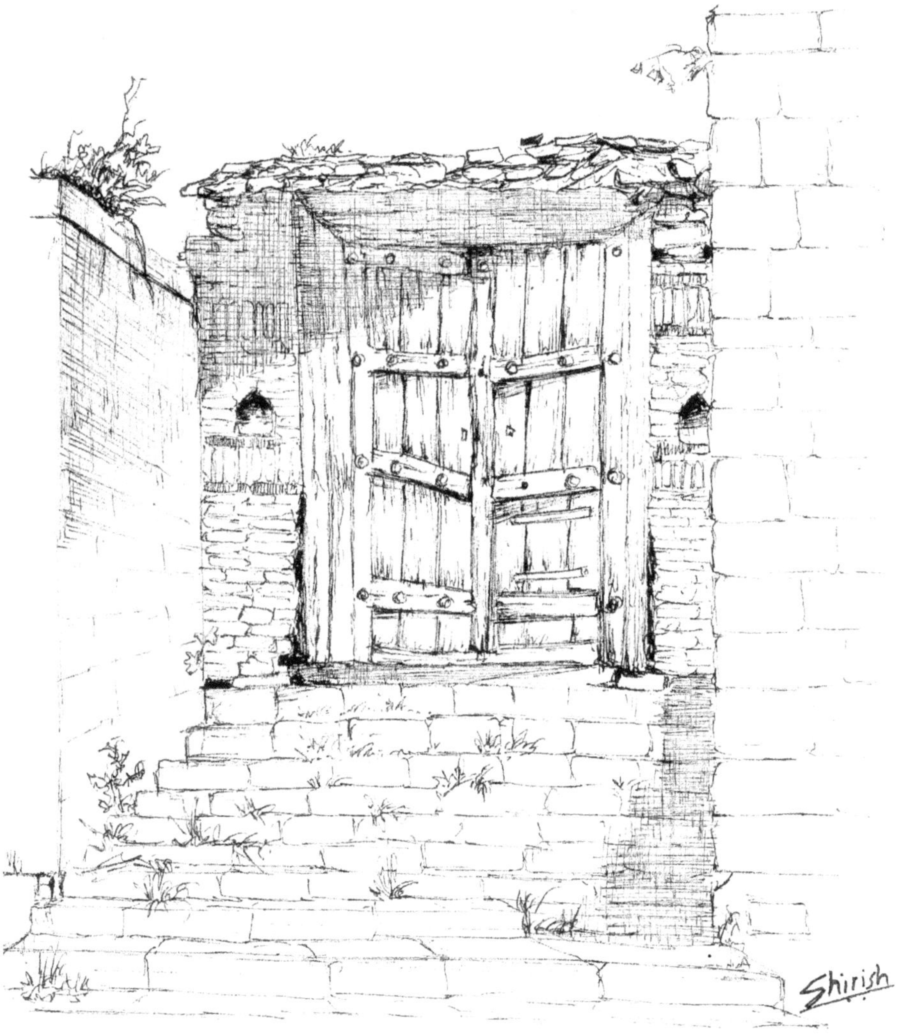

Hier ist ein genauer Blick auf die Holztür.

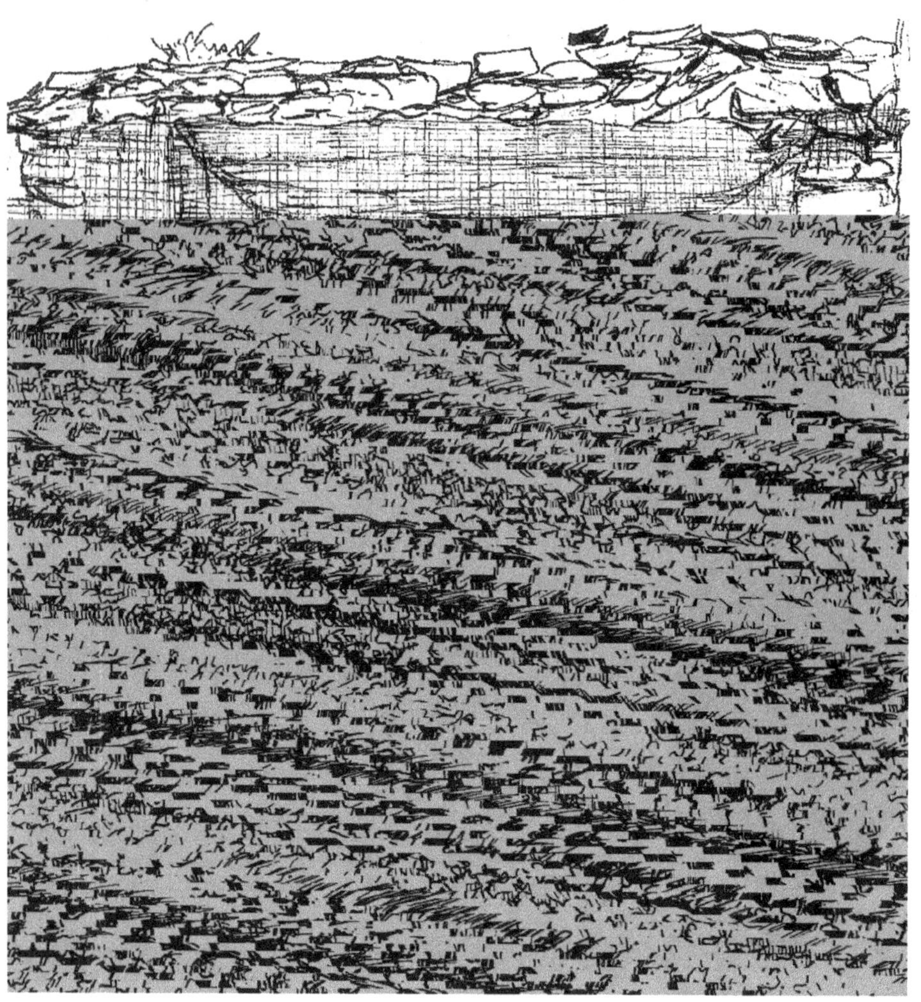

Get-Set-Sketch!

WASSER

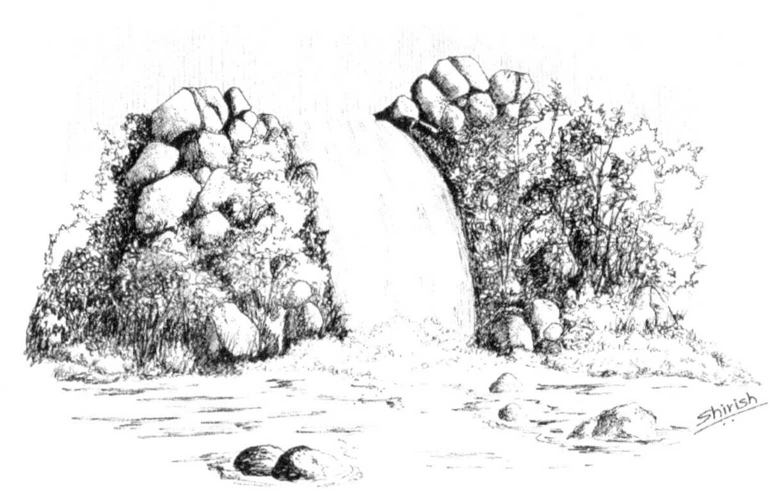

Wasser kann in verschiedenen Formen wie einem fließenden Fluss, einem ruhigen See oder einem stürmischen Meer skizziert werden.

Je nachdem, wie man das Gewässer darstellen will, ändert sich der Stil der Skizzierung.

Ein wichtiger Unterschied bei der Darstellung von Wasser: Die Form und das Verhalten von Wasser werden durch das Umfeld des Wassers bestimmt. Das eigentliche Wasser kann nur wenige Details enthalten.

Hier offenbart sich die wahre Magie der Weißräume!

Ruhiges Wasser

Wenn man ruhiges Wasser skizziert, ist weniger mehr!

Skizziere nicht alles, lass die Vorstellungskraft des Betrachters die Details ausfüllen.

Schau dir die Skizze oben an. Durch Reflexionen ist das Vorhandensein von Wasser leicht zu erkennen.

Einige horizontale Striche mit Stiften und weißem Stift reichen aus, um Wellen auf dem Wasser anzuzeigen.

Nochmals, übertreibe es nicht, wenn du diese Wellen skizzierst.

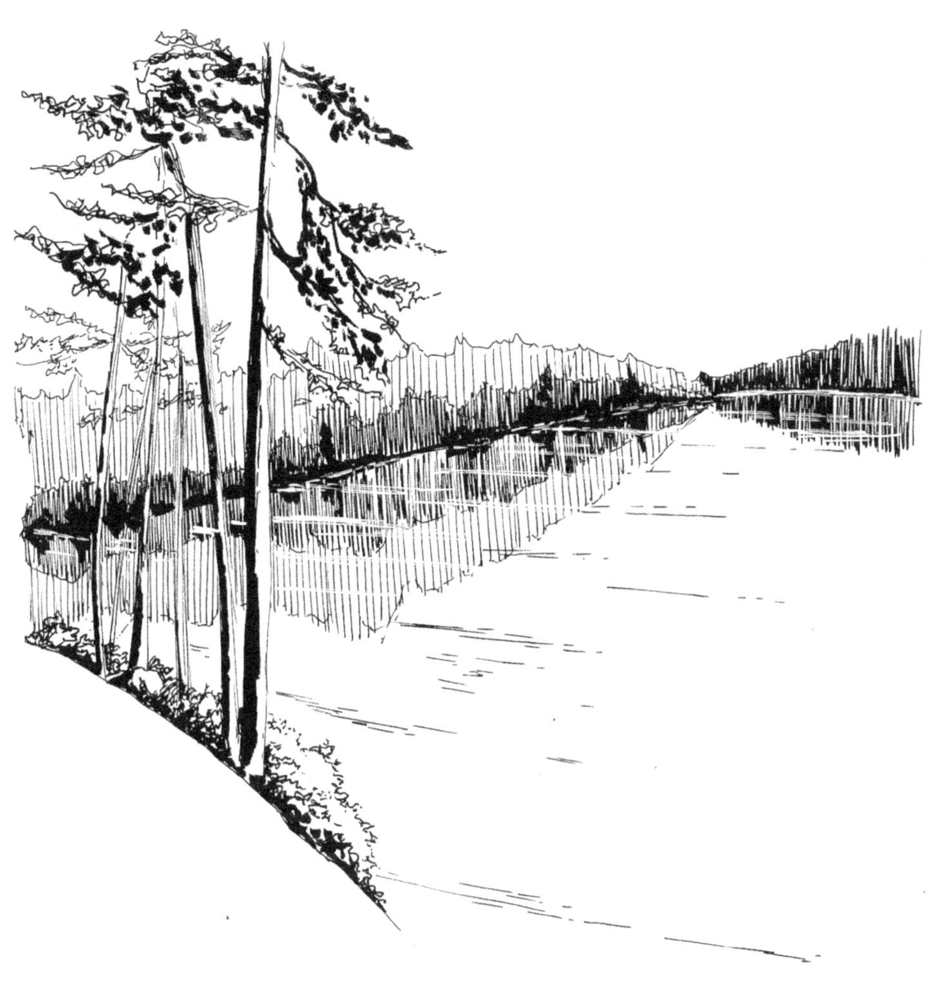

Wasserfall

Wasserfälle haben blubberndes, weißes Wasser.

Wenn du einen Wasserfall mit Stift und Tinte zeichnest, lege mehr Wert auf die Umgebung des Wasserfalls als auf den Wasserfall selbst.

Einige strategisch platzierte Linien innerhalb des Hauptkörpers des Wasserfalls reichen aus, um das rauschende Wasser anzuzeigen.

Genau wie bei der Skizzierung eines anderen Gewässers ist es jedoch wichtig, diese Linien nicht zu übertreiben.

Get-Set-Sketch!

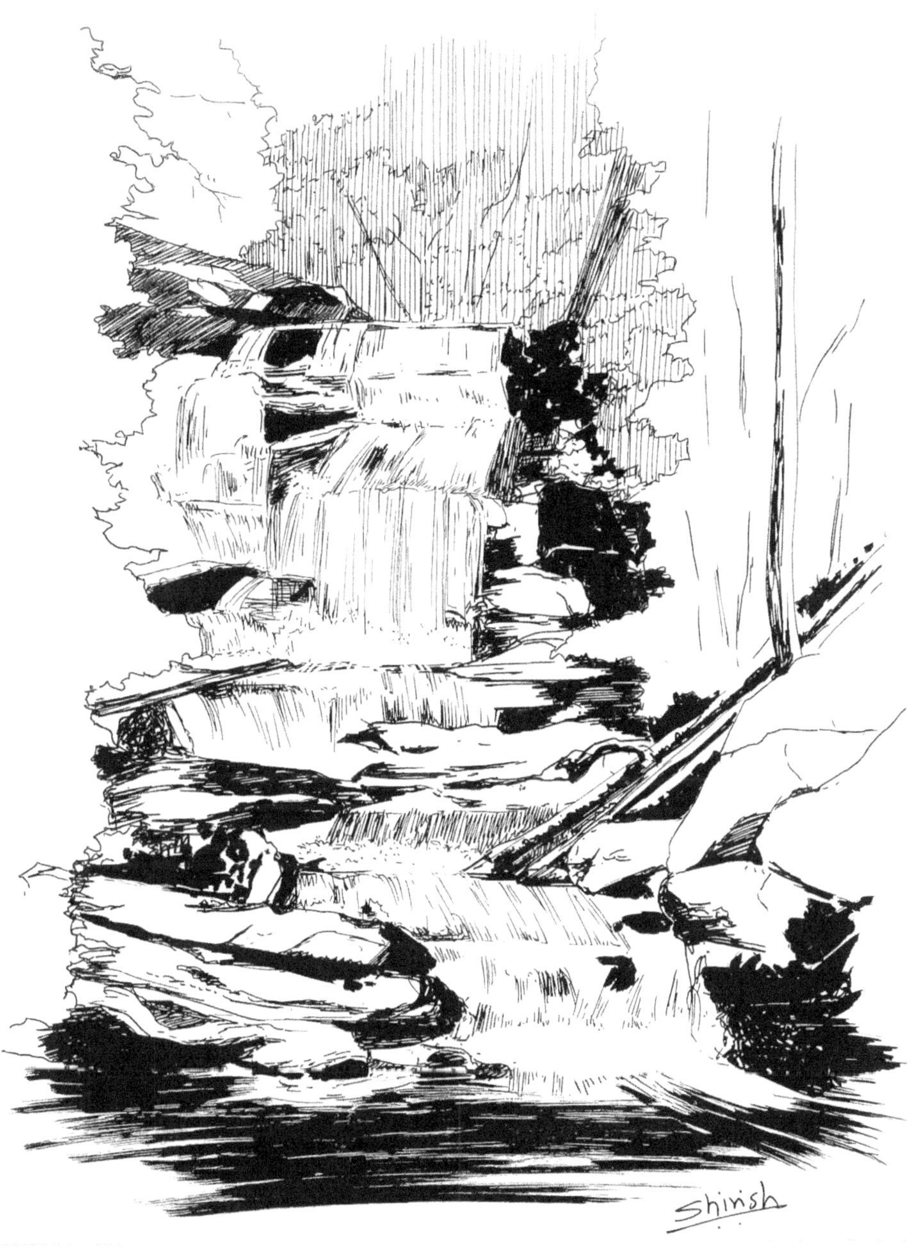

Wasser

Fluss

Das Flusswasser ist nicht so ruhig wie ein See, aber es ist ruhiger als ein Wasserfall.

Die Form des Flusses bestimmt ihn, und seine Form kann anhand seiner Umgebung dargestellt werden.

Im im folgenden Bild schlängelt sich der Fluss durch die Landschaft. Beachte, wie die Details der Landschaft im Bild immer weniger werden. Dies vermittelt das Gefühl von Distanz.

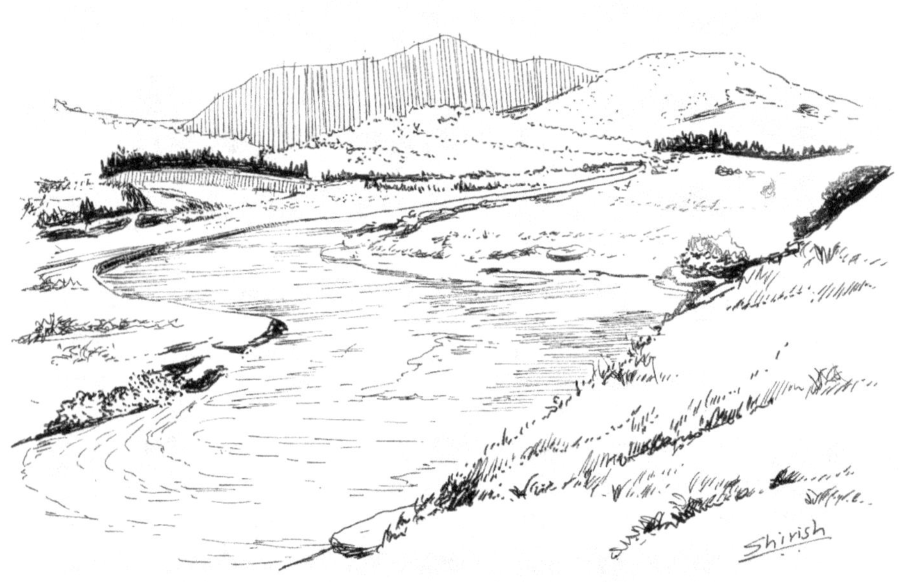

Get-Set-Sketch!

Küste

D ie Küste kann felsig oder flach sein.

An einer felsigen Küste prallen die Wellen immer wieder auf die Felsen und erzeugen dramatische Spritzer.

Wenn wir solche Spritzer skizzieren, können wir das Punktieren mit großer Wirkung nutzen, um einen „Sprayeffekt" zu erzeugen.

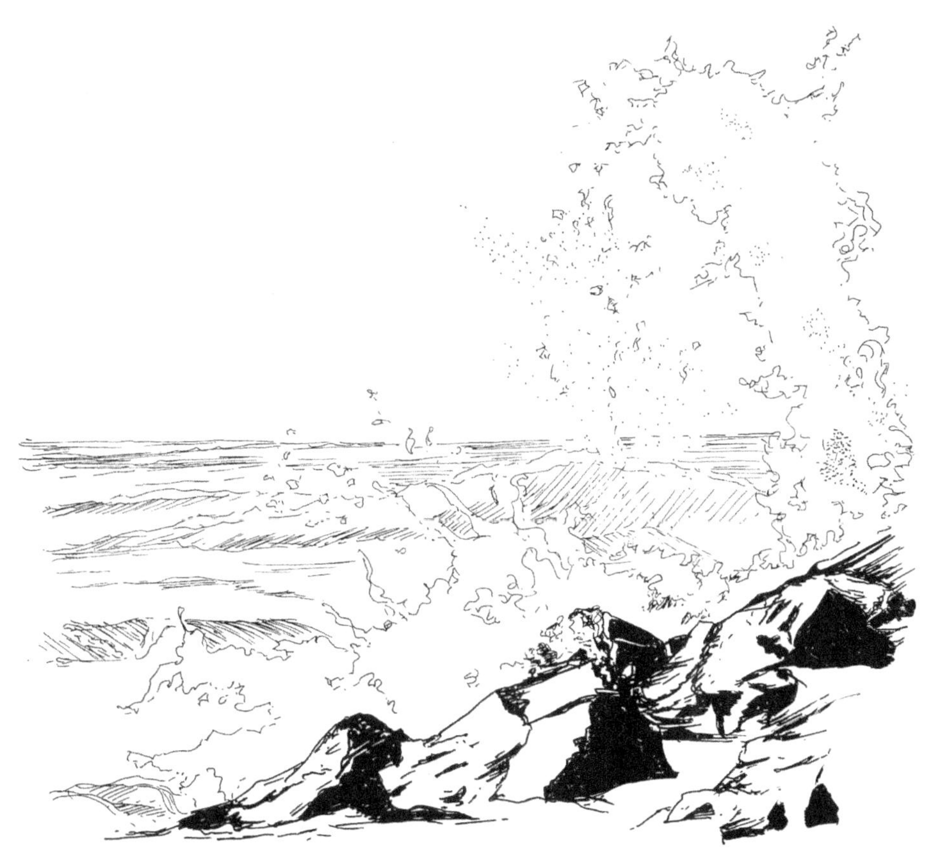

An einer ruhigen Küste bildet sich ein Fleck nassen Sandes, wo die Wellen immer wieder an Land gespült werden und sich wieder zurückziehen.

Dieser Fleck nassen Sandes kann verwendet werden, um interessante Reflexionen zu skizzieren.

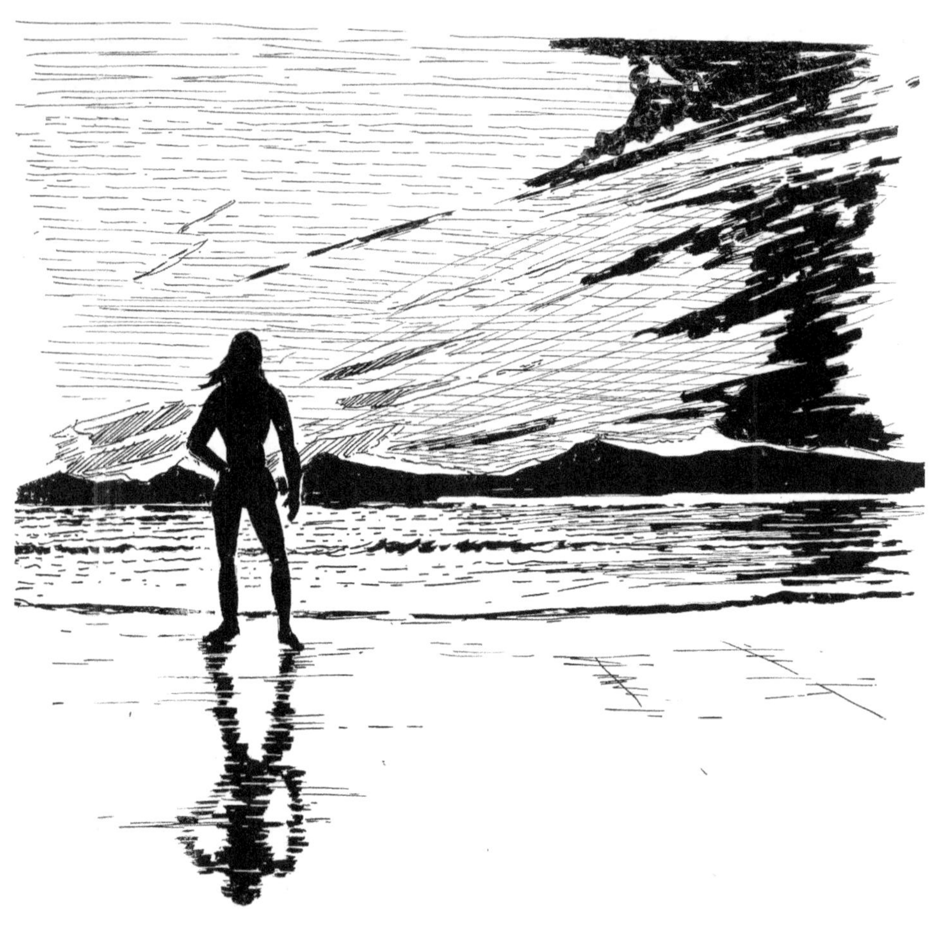

ÜBUNGSANLEITUNGEN ZU SCHATTIERUNGSTECHNIKEN

Im Folgenden zeichnen wir diese beiden Illustrationen. In der ersten Übung zeige ich dir, wie man die Illustration (Palmen in der Nähe eines Teiches) nur mit Stiften zeichnet.

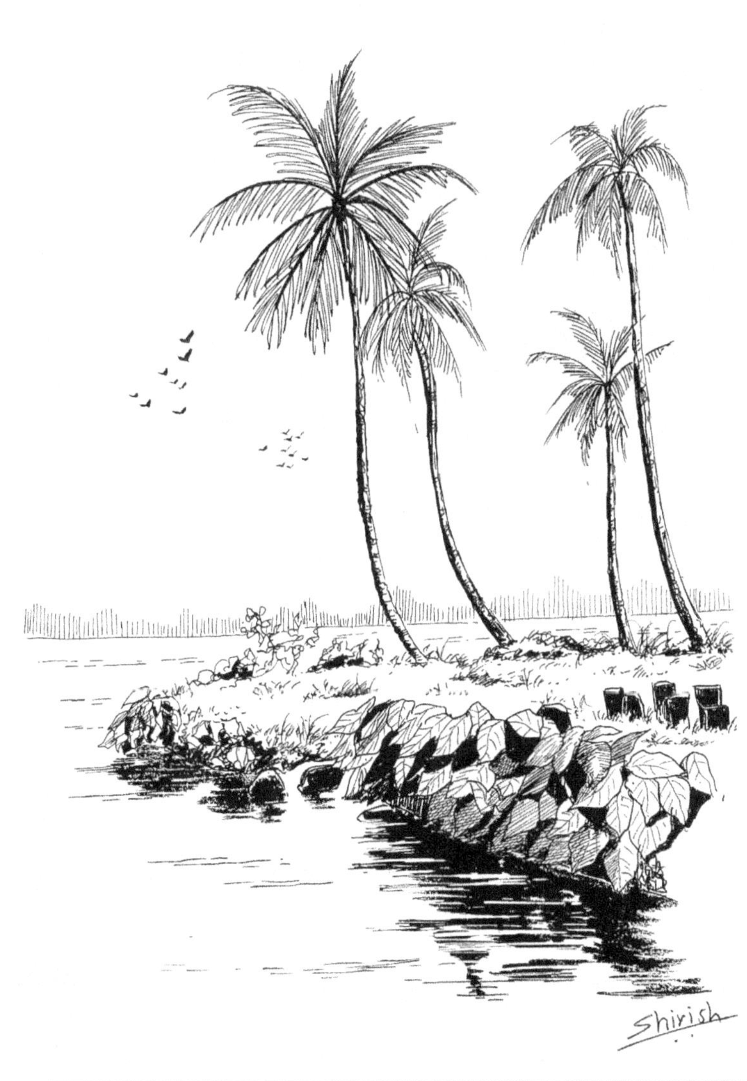

Dann lernst du, die zweite Illustration (Das Haus in einer Geisterstadt) mit Stiften und Tinte zu zeichnen.

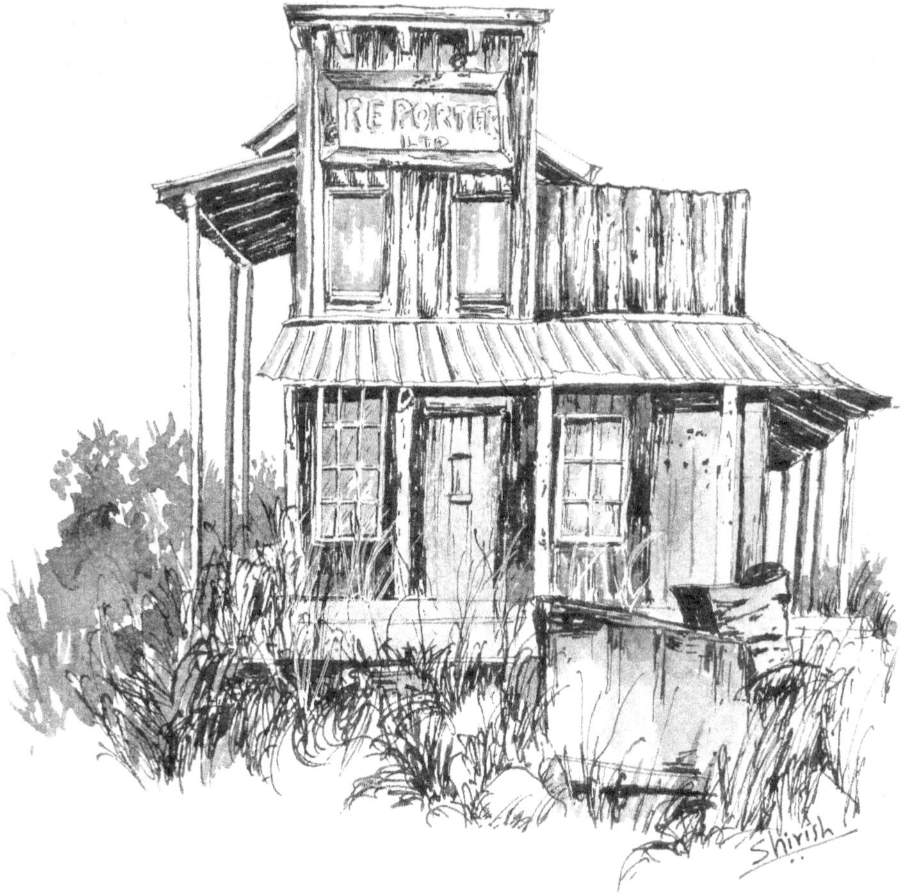

Du kannst die Referenzfotos, die endgültigen Bilder und die Linienführung für beide Anleitungen von der folgenden URL herunterladen:

https://huesandtones.net/gssreferences

Übung zum Skizzieren mit Stift - Palmen in der Nähe eines Teiches

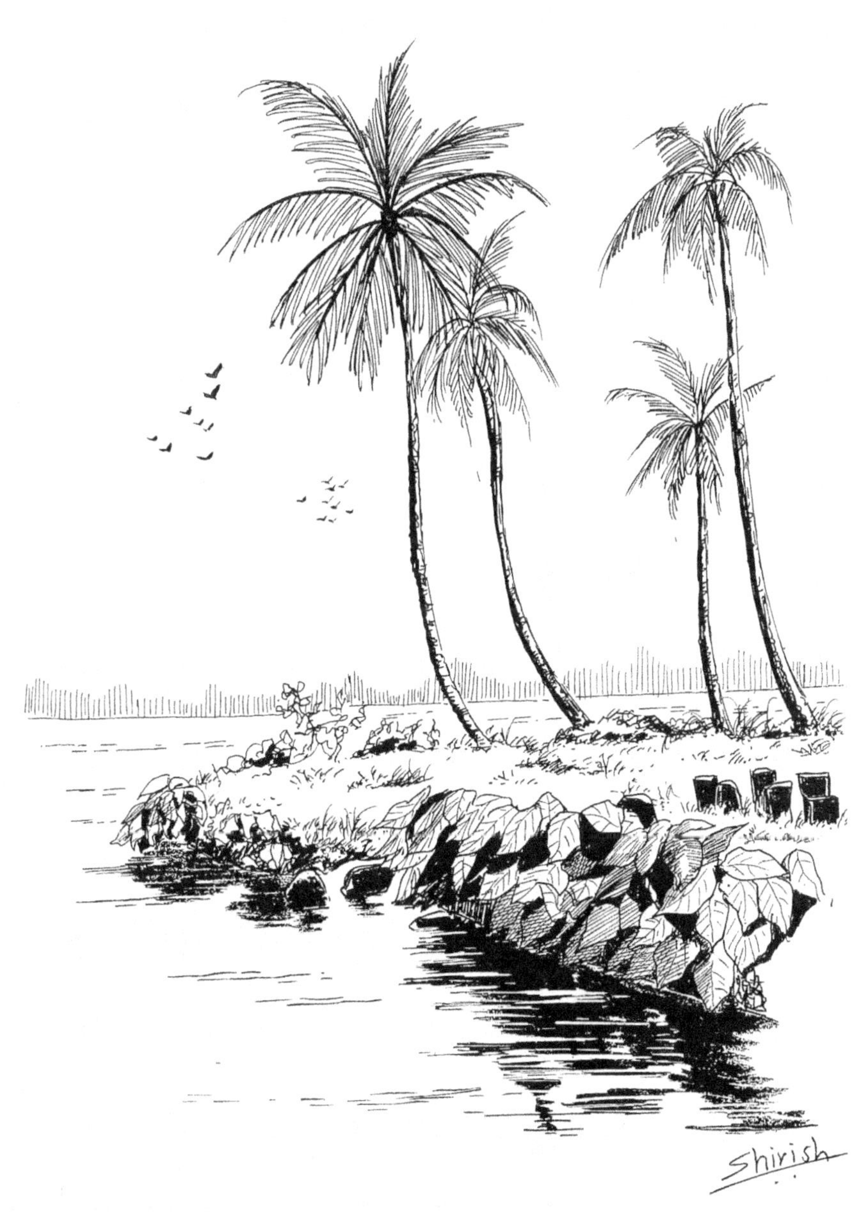

Verwenden wir nun das folgende Referenzfoto, um eine komplette Skizze mit den von uns erlernten Techniken zu erstellen.

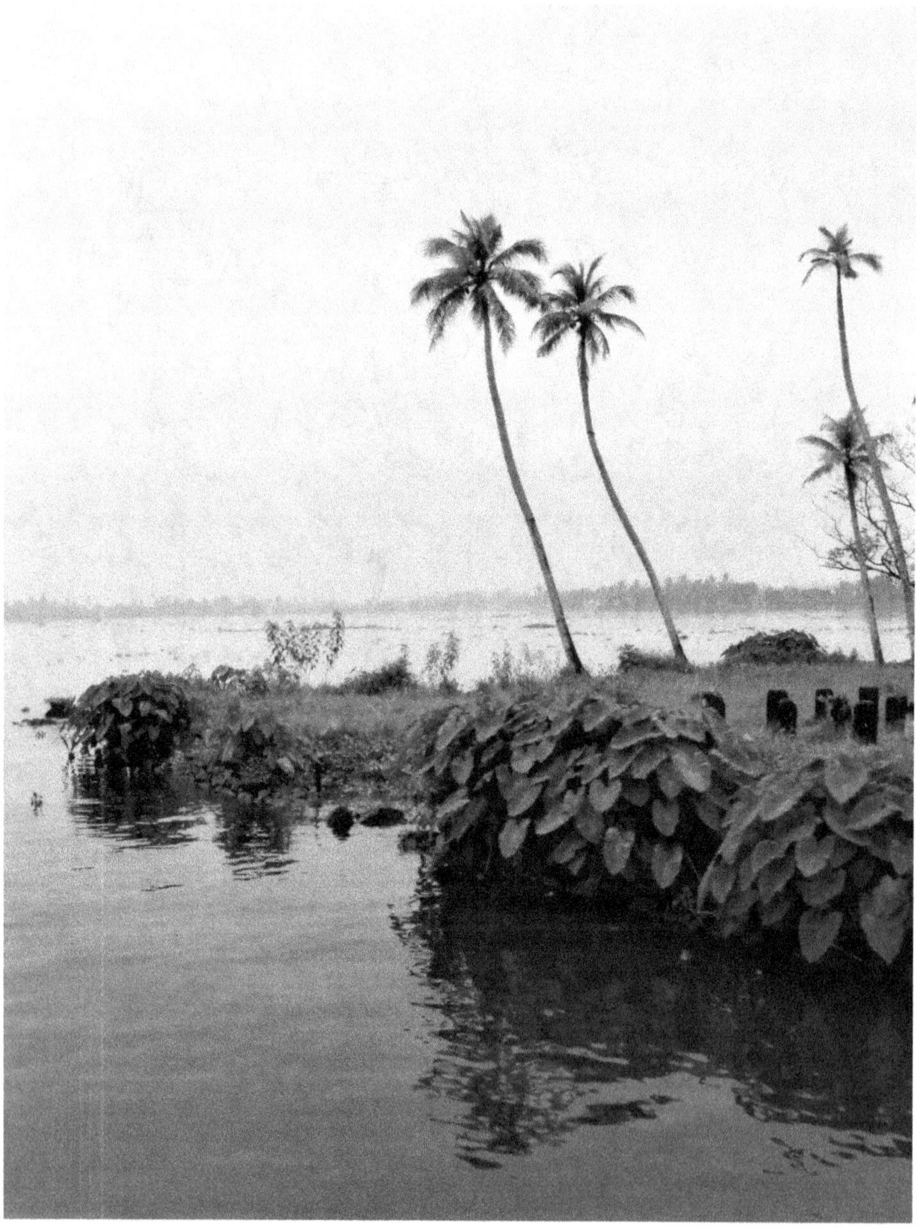

Bevor wir beginnen, solltest du folgendes im Hinterkopf behalten: Was ich dir zeige, ist ein Leitfaden. Du kannst ihm zum Verständnis folgen. Aber das ist nicht der einzig richtige Weg, um Skizzen zu machen.

Du kannst jegliche Variation der Techniken, die ich dir zeige, anwenden, und du wirst es immer noch richtig machen.

Du musst das Foto nicht genau kopieren. Du kannst dir alle Freiheiten in Bezug auf Komposition, Beleuchtung, Texturen oder Ähnliches nehmen.

Wie ich bereits sagte: „Das ist Kunst, kein verdammter Mathe-Test!".

Beginnen wir mit der Aufteilung des Referenzfotos in einen 3 x 3 Raster.

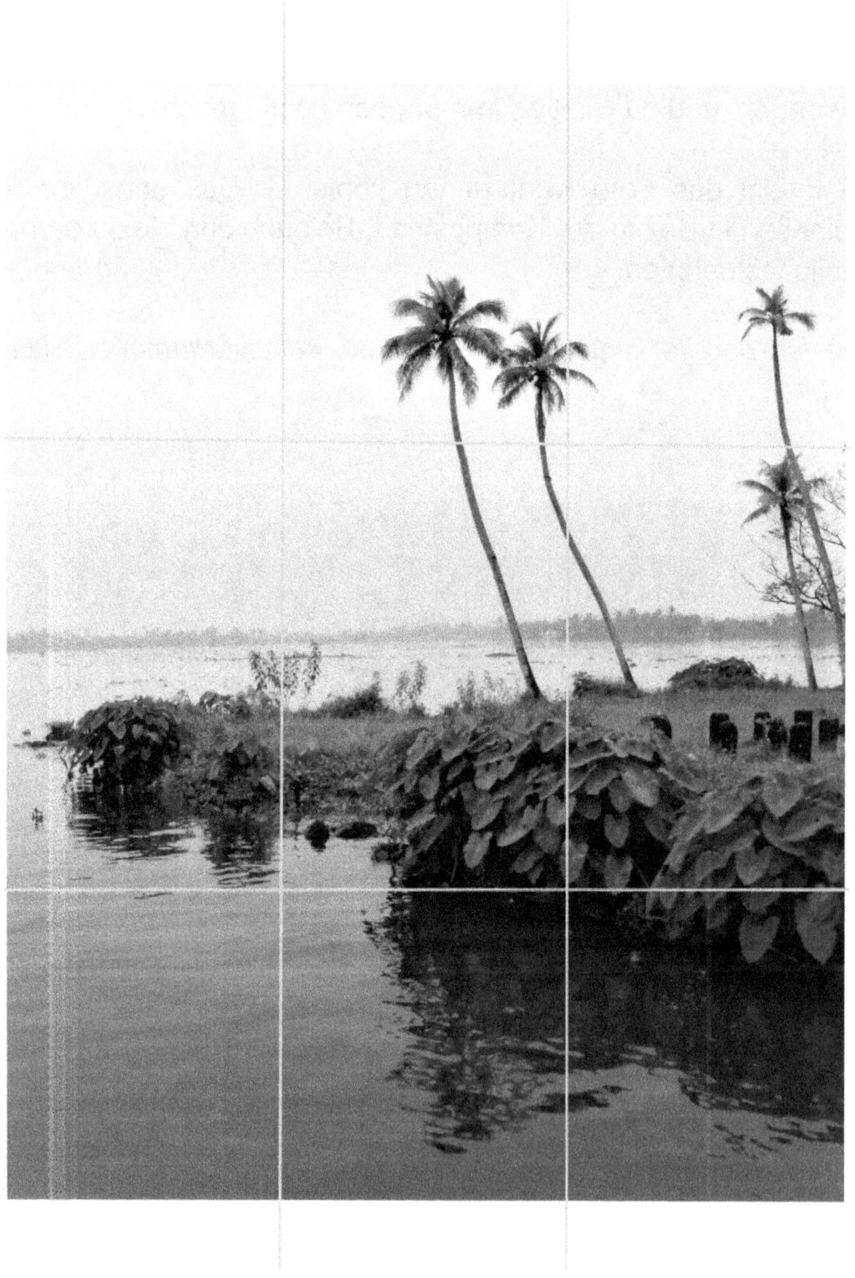

Get-Set-Sketch!

Um zu verstehen, warum wir das tun, werden wir ein wenig abschweifen und über eine sogenannte „Drittel-Regel" diskutieren.

Was? Gibt es eine Regel für das Skizzieren? Aber ich hatte erst vor wenigen Kapiteln gesagt, dass es nur zwei Regeln zum Skizzieren gibt? Woher kommt diese dritte Regel?

Keine Sorge. Es wird zwar als „Regel" bezeichnet, ist aber nur eine „Faustregel".

Diese „Regel" gilt für Kompositionen aller Art von bildender Kunst wie Skizzieren, Malen, Fotografieren bis hin zum Filmemachen, und sie ist sehr einfach.

Eine Komposition wirkt angenehmer, wenn die Hauptthemen vom Zentrum ferngehalten werden.

Wenn wir ein Bild aufnehmen oder ein Bild skizzieren, ist der erste Impuls, all die interessanten Dinge in der Mitte zu halten. Vermeide diesen Impuls.

Wenn man das Hauptmotiv vom Zentrum fernhält, entsteht ein leichtes Ungleichgewicht in der Komposition, welches das Interesse des Betrachters weckt.

Erkennst du die Drittel-Regel auf diesem Foto?

Du musst nicht genau so eine Division zeichnen, aber du solltest sie zumindest im Kopf haben.

Du kannst das gleiche Raster auf dem Papier zeichnen, auf dem du die endgültige Skizze erstellen wirst.

Benutze kein Lineal, um diesen Raster zu zeichnen! Und halte die Linien sehr locker und schwach. Wir werden sie später löschen.

Halte auch etwas Abstand von allen Ecken des Papiers. Du willst doch nicht über das Papier hinaus arbeiten.

Wie du vielleicht bemerkt hast, haben die meisten der Skizzen, die ich in dieses Buch aufgenommen habe, keine klar definierten Grenzen.

Vergiss, was sie dir in der Schule beigebracht haben. Eine Skizze muss weder einen festen Rand haben, noch muss sie das gesamte Blatt füllen.

Wie ich in diesem Buch wiederholt betone: Weiße Flächen sind genauso wichtig wie schwarze Linien.

Aber, um das Philosophieren einmal beiseite zu lassen und mich nützlich zu machen, zeige ich dir jetzt, wie du am besten mit der Skizze vorgehst.

Wir beginnen mit einer groben Bleistiftskizze. Diese Skizze soll nicht sehr detailliert sein.

Die Bleistiftskizze ist dazu gedacht, die größeren Formen zu markieren, so dass wir den Umfang unserer Skizze einschränken können.

Get-Set-Sketch!

Hier ist der Umriss der Bleistiftskizze, den ich vor der Arbeit mit Stiften gemacht habe.

Die Linien sind hier nur zum leichteren Verständnis dick gezeichnet. Die Bleistiftlinien sollten so hell sein, dass sie nur für dich sichtbar sind.

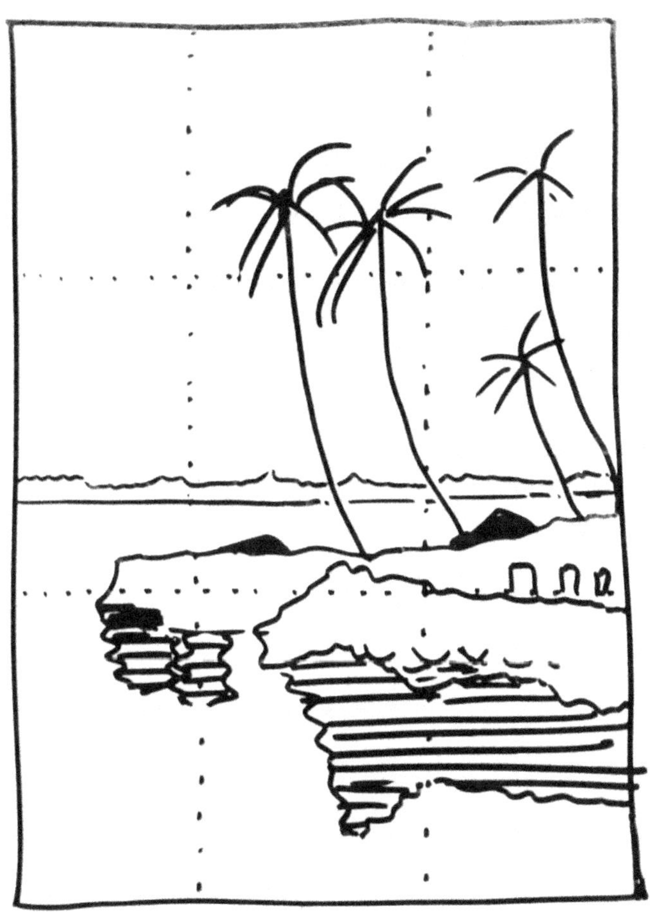

Du siehst, dass ich neben der Markierung der breiten Formen auch dunkle Werte (mit komplett schwarzen / horizontalen Linien) markiert habe.

Im Moment liegt der Fokus nicht auf Genauigkeit, sondern darauf, die Formen und Schatten richtig zu gestalten.

Erinnere dich an das Kapitel das „Sehen lernen"? Wir blockieren zwei der drei Elemente, die wir in diesem Kapitel besprochen haben (Formen und Schatten).

Wir werden uns um Texturen kümmern, wenn wir mit Stiften arbeiten.

Nun, da die grobe Skizze fertig ist, schauen wir uns die Fertigstellung dieser Skizze mit Stiften an.

Für diese Übung werde ich technische Füller verwenden. Es steht dir frei, technische Füller oder Kugelschreiber/Gel-Stifte zu verwenden.

Der Vorteil von technischen Füllern ist die Freiheit, mit verschiedenen Spitzengrößen zu zeichnen. Aber sie sind kein absolutes Muss.

Halte einen weißen Kugelschreiber für den letzten Schliff bereit. Dies ist optional.

Beginnen wir mit den Stiften.

Wenn wir mit Stift und Tinten arbeiten, ist es ratsam, mit Formen zu beginnen, die uns am nächsten sind, da sich diese Formen mit anderen überschneiden.

In unserem Beispiel begann ich mit diesem Haufen großer Blätter im Vordergrund. Sie sind derzeit nicht sehr detailliert. Aber es reicht bereits für einen Anschein von Blättern. Das genügt fürs Erste.

Diese Blätter werden mit einem mitteldicken (0,3) Stift gezeichnet.

Die Skizze sieht von nun an so aus.

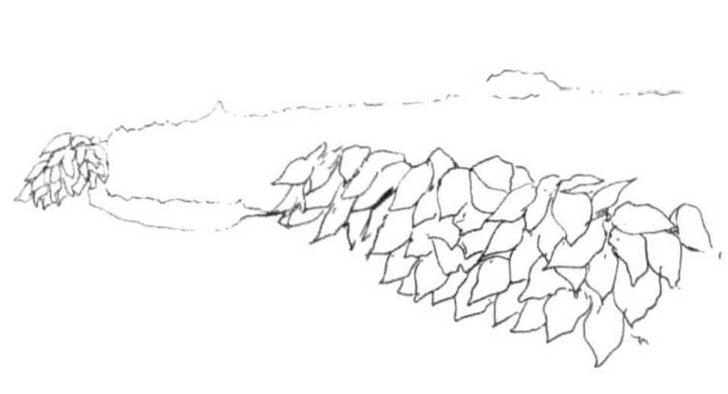

Nun werden wir die Umrisse für Bäume zeichnen. Da von der rechten Seite Licht auf die Bäume fällt, werden wir die linke Seite der Bäume etwas dunkler machen.

Für die linke Seite der Bäume werde ich einen Stift mit der Stärke 0,3 verwenden, während für die rechte Seite ein Stift mit 0,1 verwendet wird. Beachte auch, dass ich die Linien an manchen Stellen zufällig gebrochen habe. Wir können sie jederzeit später abschließen. Kein Grund, von jetzt an zu präzise zu sein.

Beachte, dass die Bäume leicht „schwebend" über dem Boden stehen! Das liegt daran, dass wir die Basis der Bäume mit etwas Gras bedecken werden, dafür müssen wir diesen Raum leer halten.

Wie du siehst, ist die Unterkante des Ufers so gezeichnet, als ob sie den Laubhaufen hält, den wir zuvor entworfen haben und die Blätter überlappen den Rand.

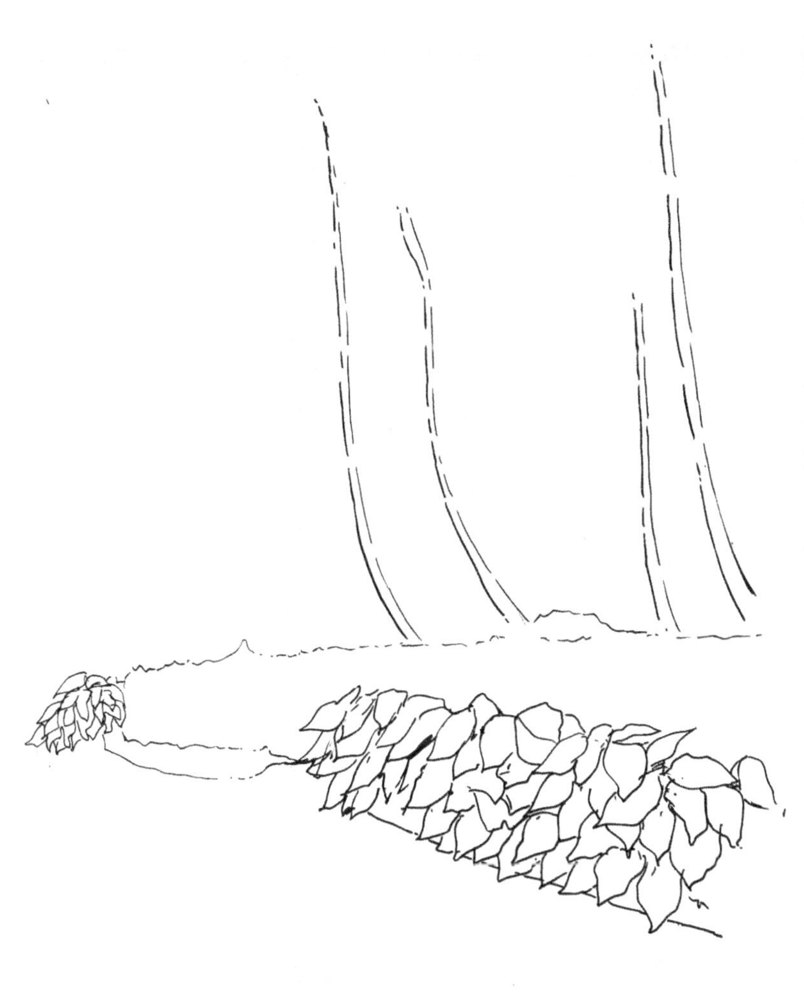

Nun zeichnen wir die mysteriösen Mini-Säulen hinter dem Laubhaufen auf der rechten unteren Seite.

Die folgenden Punkte gilt es für das Zeichnen dieser Säulen zu beachten:

Die Säulen scheinen zuerst noch in der Luft zu schweben, da ihre unteren Enden später mit Gras bedeckt werden.

Für jede Säule ist ein Teil des oberen Bereichs markiert. Hier wird das Licht einfallen und Highlights setzen. Wir werden diesen Bereich nicht wie den Rest der Säule dunkel machen.

Einige Steine im Wasser sind ebenfalls skizziert. Halte die Unterkante jedes Steins flach, unabhängig von der gesamten Steinform.

Im nächsten Schritt skizzieren wir das Gras und etwas Laub am anderen Ende des kleinen Grundstücks.

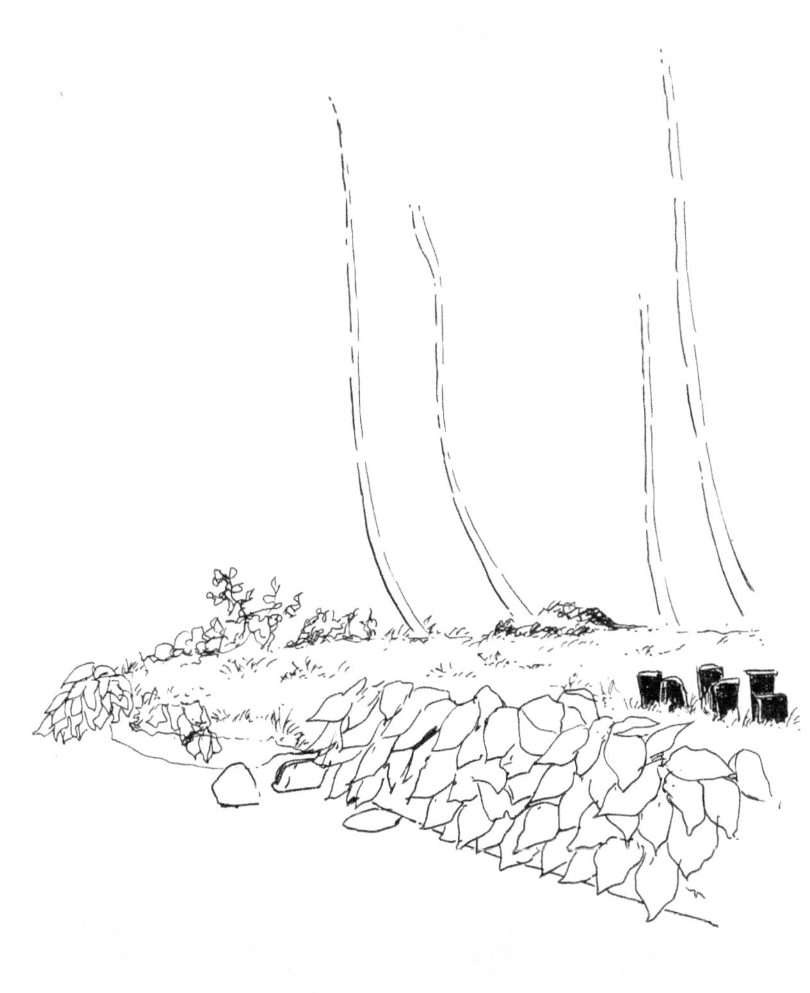

Beachte, wie das Gras mit minimalen Kreuzschraffuren gezogen wird. Es ist wichtig, das Skizzieren von Gras nicht zu übertreiben. Da sich das Gras am anderen Ende befindet, sollten seine Details weniger sichtbar sein.

Das Laub wird mit zufälligen Strichen und einem dünnen (0,1) Stift skizziert. Das Gleiche gilt für Gras.

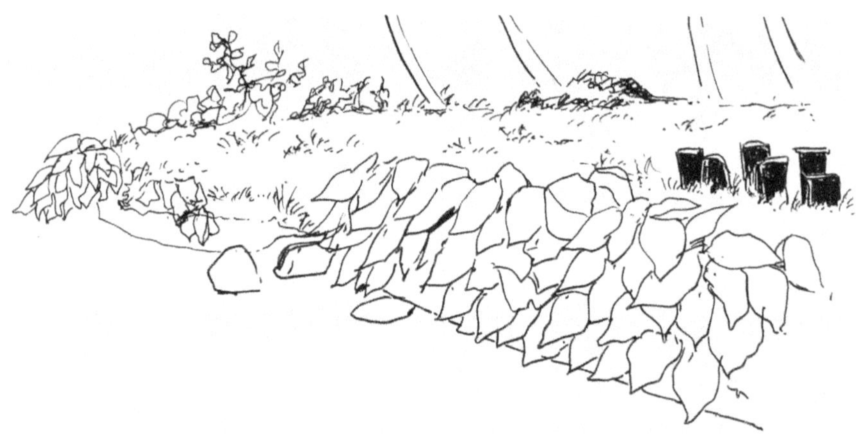

Die Minisäulen sind nun vollständig abgedunkelt, mit Ausnahme der Bereiche, die als Highlights markiert sind.

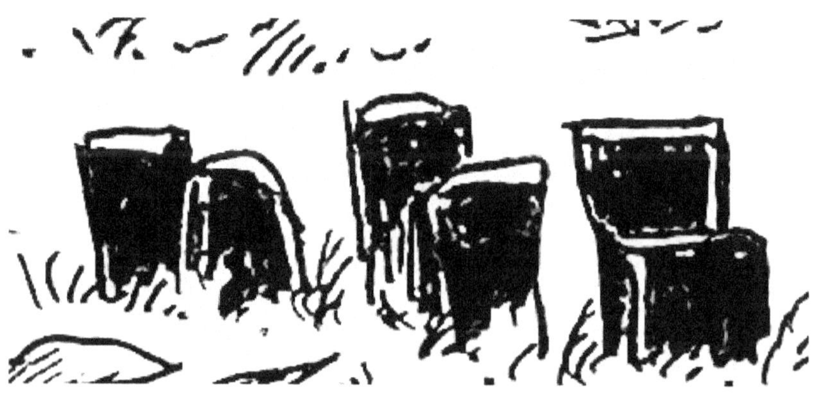

Get-Set-Sketch!

Als Nächstes markieren wir die Blattstämme der Palmwedel. Beachte, wie die Wedel vom Baum nach außen strahlen. Wobei die Stämme der Wedel des näheren Baumes dicker markiert sind.

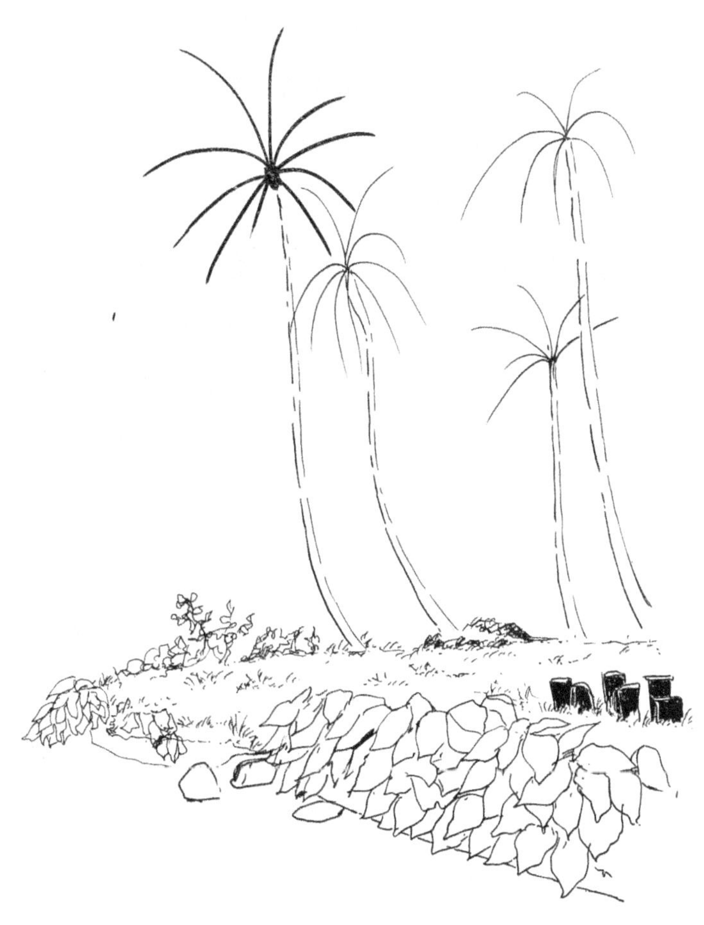

Nun werden wir die Details der Palmwedel vervollständigen.

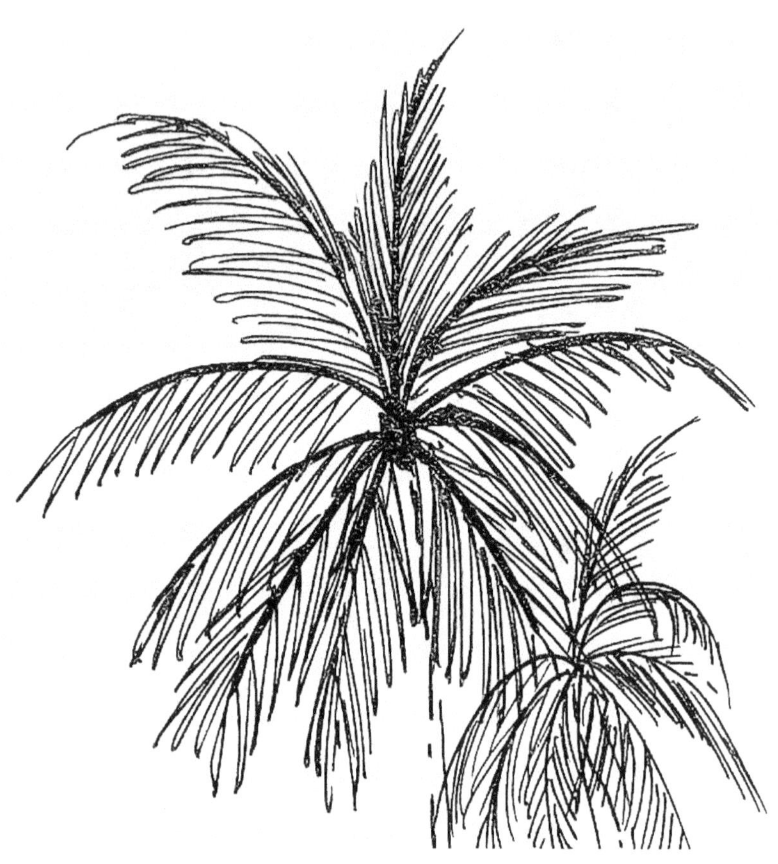

Für die uns direkt zugewandten Wedel müssen wir die Zacken (Blätter) auf beiden Seiten des Blattstammes skizzieren. Für die nach außen gerichteten Wedel müssen wir die Zacken nur auf einer Seite skizzieren.

Es wird einiges an Überlappung zwischen den Wedeln geben. Das ist in Ordnung. Man muss von jetzt an nicht zu genau sein. Wir können jeden Fehler später mit Hilfe von Schattierungen vertuschen.

Get-Set-Sketch!

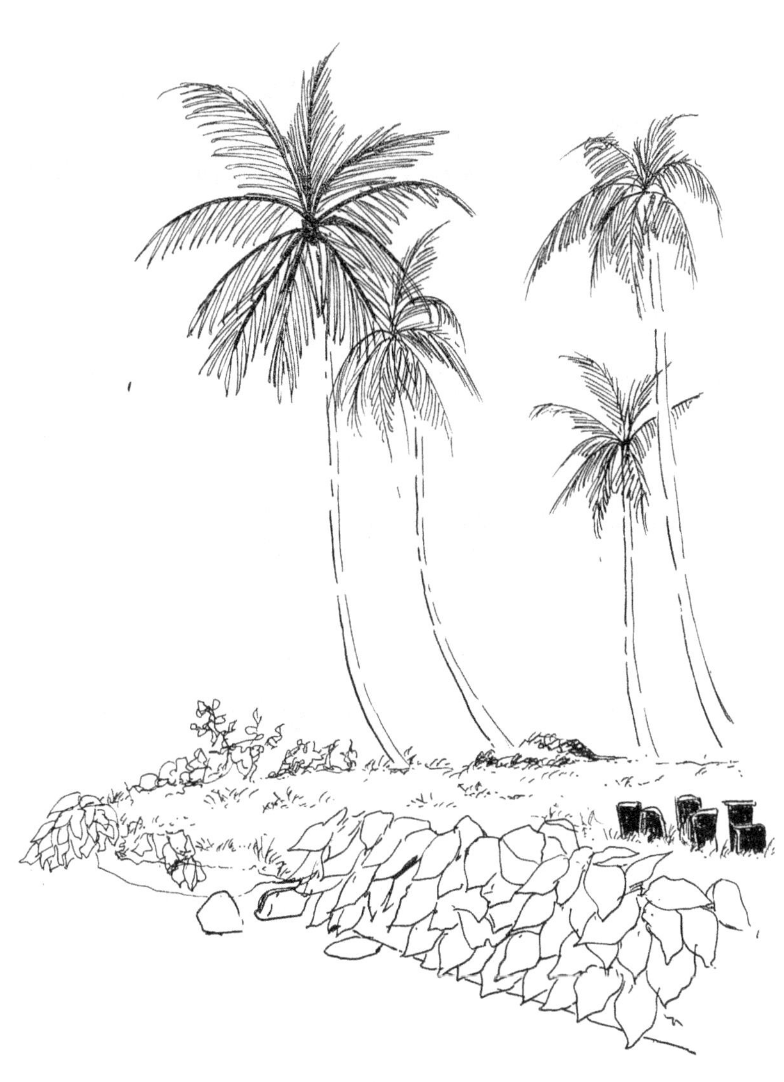

Nun werden wir den Baumstämmen etwas Textur verleihen. Dafür musst du diese beiden Dinge tun:

1. Gestalte die linken Kanten der Bäume (auf der Schattenseite) sehr dunkel, mit dickem Stift. Hier habe ich einen Stift mit Stärke 0,4 verwendet, um die Baumränder abzudunkeln.
2. Skizziere intermittierend mit horizontalen Konturstrichen über den Baumstamm. Verwende dabei nicht zu viele Striche. Es sollte nur ein Gefühl für die Textur entstehen.

Skizziere die Textur am deutlichsten auf dem am nähesten gelegenen Baum. Verwende dazu einen dünnen Stift.

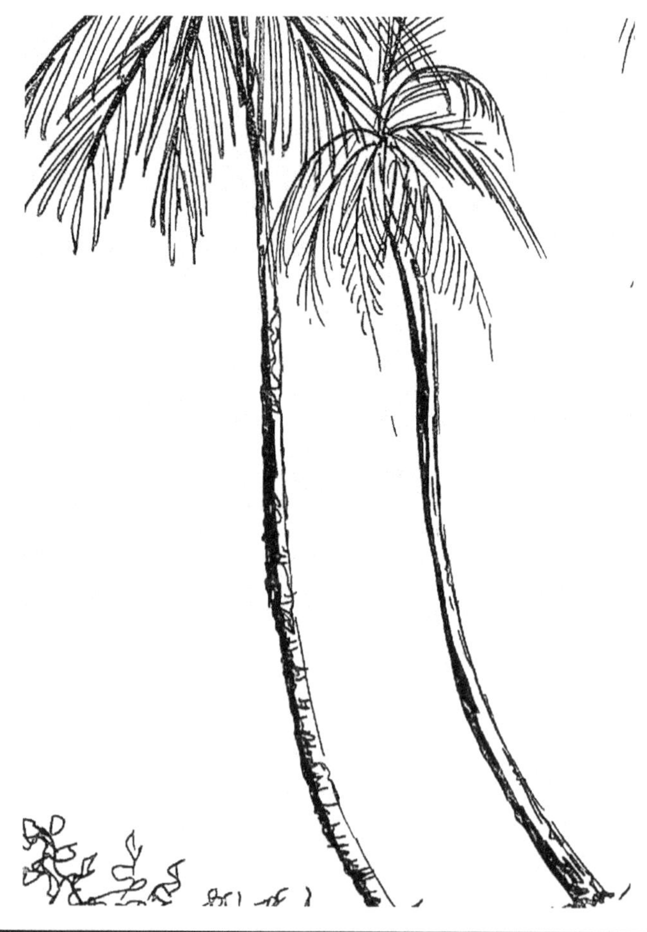

Get-Set-Sketch!

Verdunkle nun die Unterseiten des Laubbaums in der Nähe der Wasserlinie. Verwende dazu einen dickeren Stift mit Spitze/Pinselspitze.

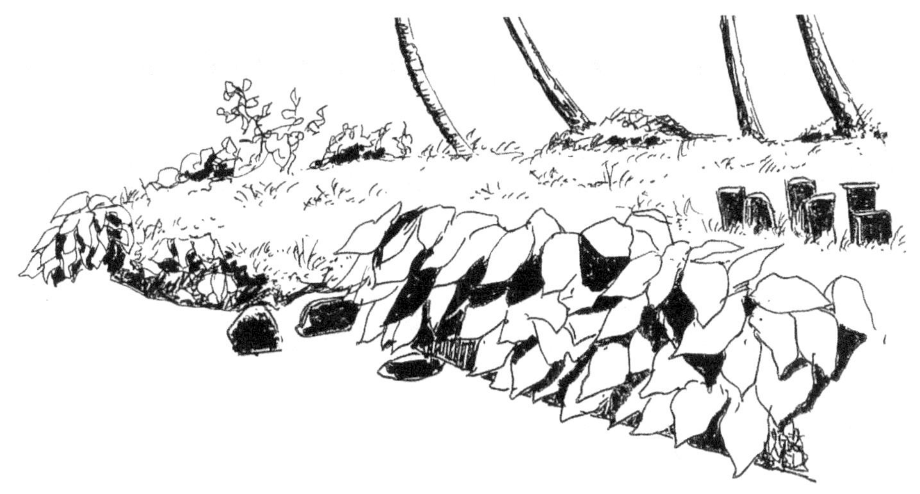

Um den Horizont anzuzeigen, zeichne nun eine horizontale Linie, wie im Bild ersichtlich. Diese Linie sollte mit einem dünnen Stift gezeichnet werden, da wir hier einen großen Abstand anzeigen.

Zeichne die schwache Kontur von Hügeln und Sträuchern mit dem HB-Bleistift über diese Linie. Führe dann vorsichtig vertikale Schraffurstriche von der Horizontlinie bis zur Bleistiftlinie, wie im nächsten Bild gezeigt.

Verwende für diese Schraffuren den dünnsten Stift, den du zur Verfügung hast.

Lösche die Bleistiftlinie, nachdem die Striche abgeschlossen sind.

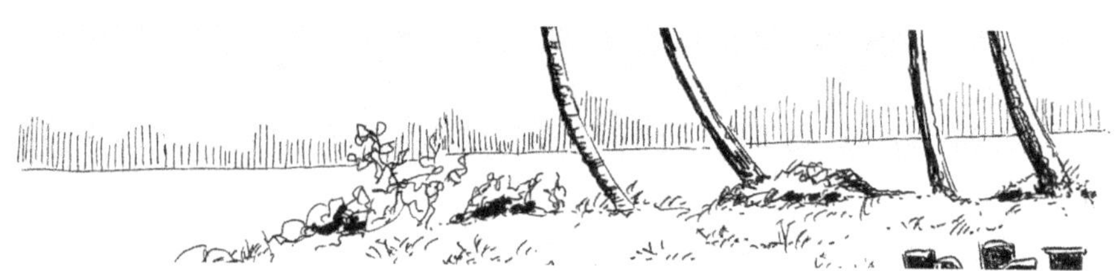

Get-Set-Sketch!

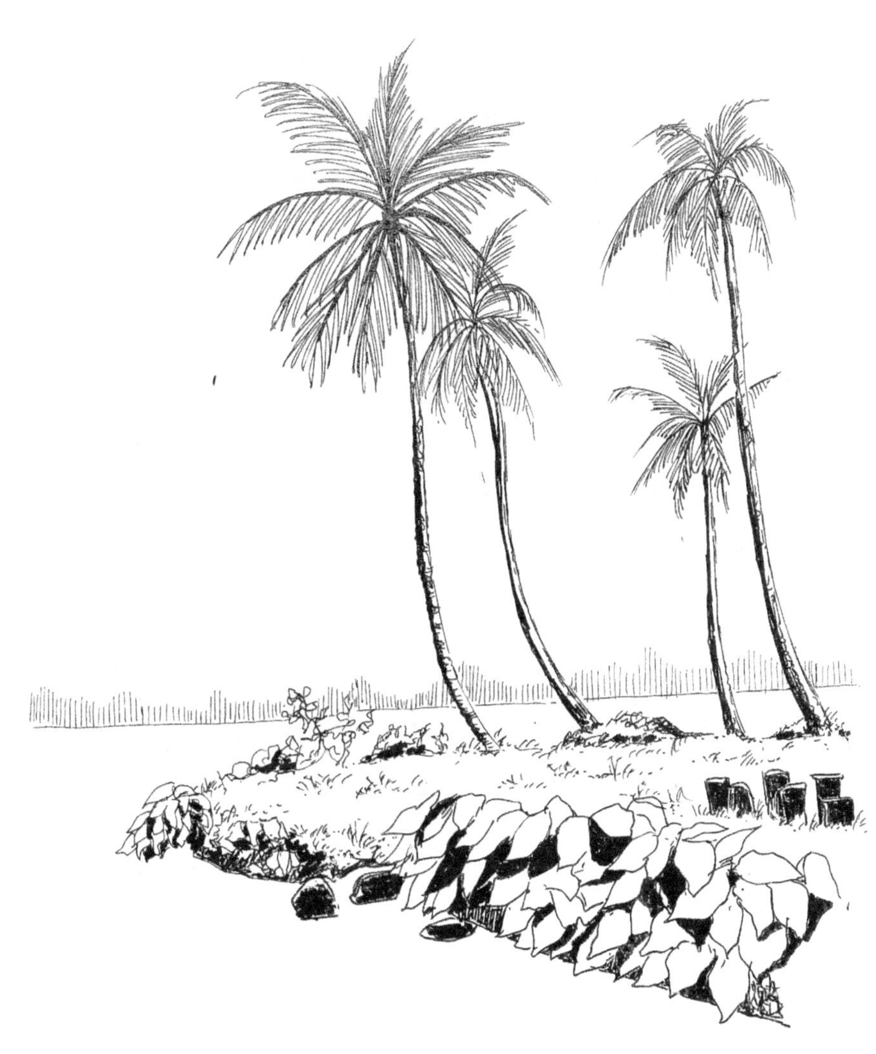

Lass uns nun noch ein paar Spiegelungen im Wasser hinzufügen.

Die Reflexionen, die näher am Ufer liegen, sind sehr dunkel. Wenn wir uns vom Ufer entfernen, werden sie allmählich heller (und von einigen weißen Flecken durchbrochen).

Halte einige weiße Felder frei, um Brüche in den Schatten anzuzeigen, wie im Bild zu sehen ist.

Einige horizontale Striche hier und da sind genug, um ruhiges Wasser darzustellen.

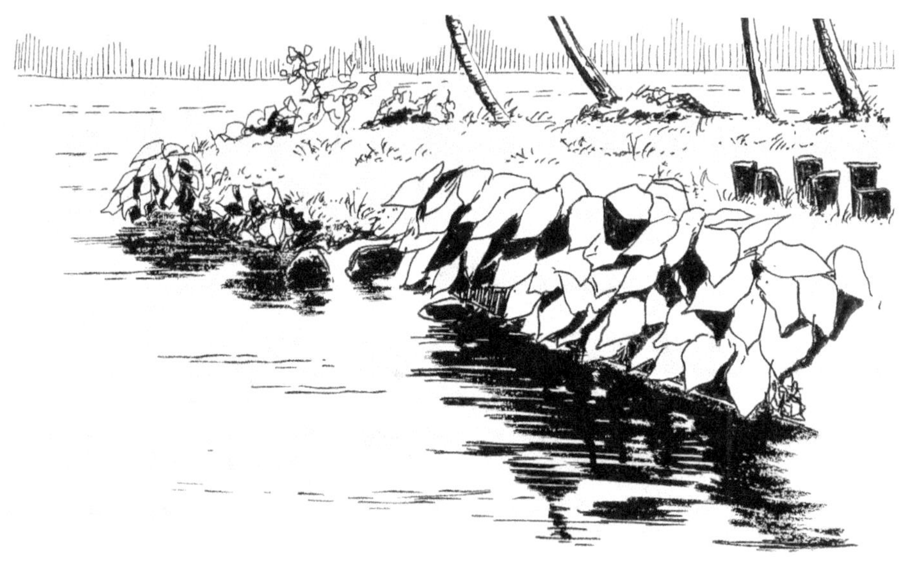

Get-Set-Sketch!

Nun sieht unsere Skizze so aus.

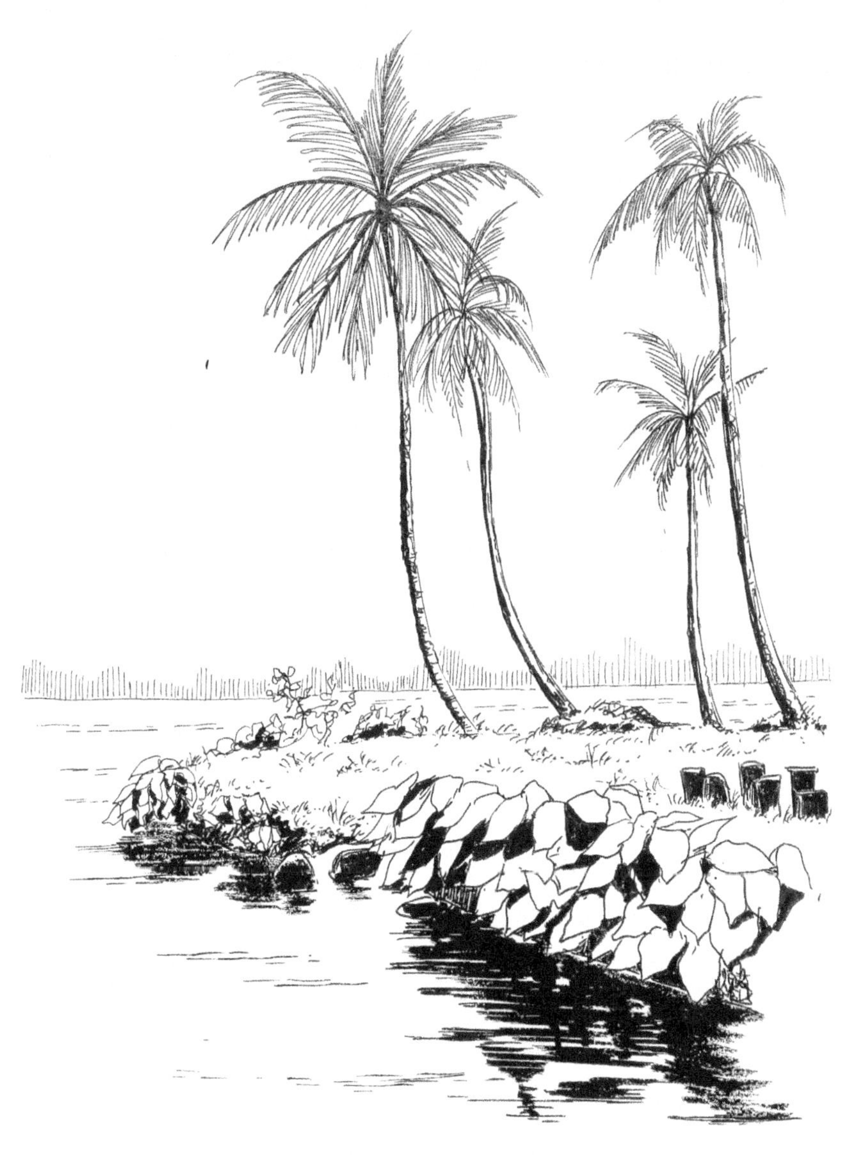

Jetzt ist es an der Zeit, an einigen Feinheiten zu arbeiten. Ich benutze einen sehr dünnen Stift (Pigma micron 0,005) und einen weißen Uniball-Kugelschreiber für die Feinarbeit.

Es hängt ganz von dir ab, wann du deine Skizze als vollständig siehst. Für mich ist es am schwierigsten zu entscheiden, wann eine Skizze tatsächlich abgeschlossen ist!

Ein Tipp - wenn du das Gefühl hast, dass die Skizze vollständig ist, halte genau dort an und überwinde den Drang, es zu übertreiben.

Leichter gesagt als getan, ich weiß!

Die fertige Skizze (für mich!) sieht so aus.

Und vergiss nicht, sie zu unterschreiben! Du hast es dir verdient :-)

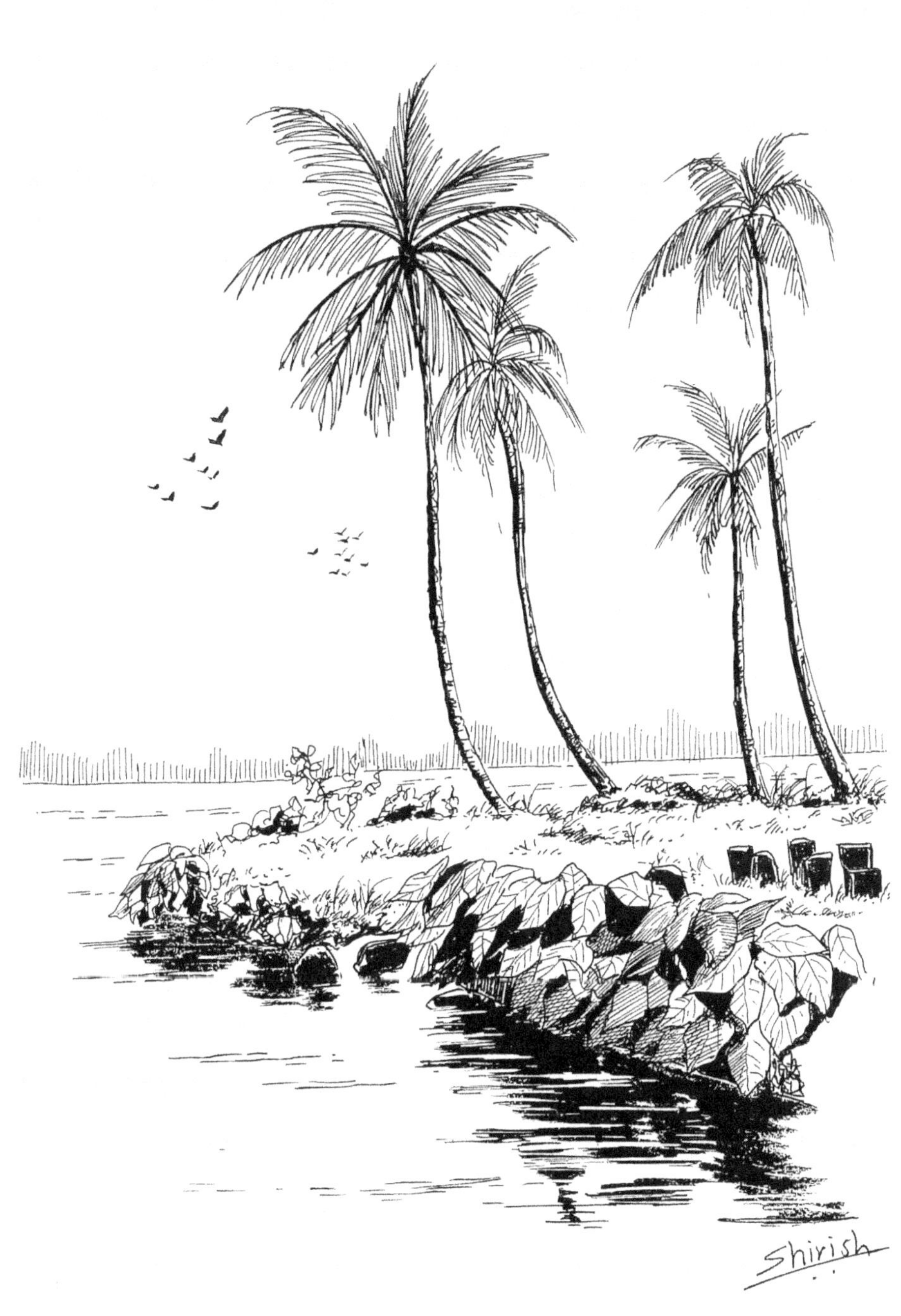

Hat dir diese Anleitung gefallen?

Dann wirst du bestimmt auch am nächsten Buch dieser Serie Freude haben, in dem wir unsere Skizzier-Abenteuer mit Stiften fortsetzen.

„Sketch like a Boss!" ist eine Sammlung von 20 solcher Anleitungen, die von einfachen bis hin zu komplexen Themen reichen, zusammen mit einer Reihe von zusätzlichen Tipps und Tricks.

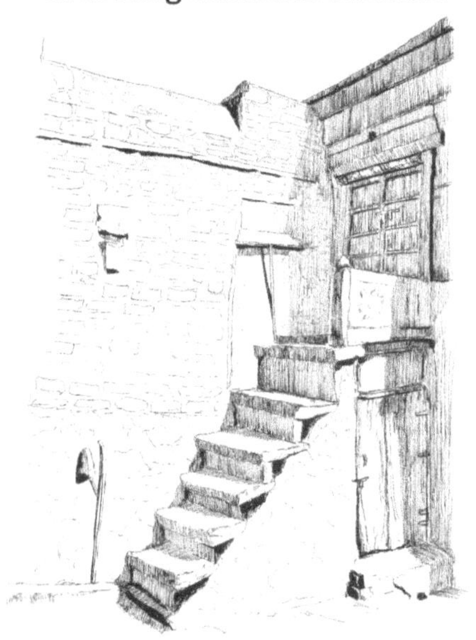

Weitere Informationen findest du hier:

https://huesandtones.net/slab-de/

Übung zum Skizzieren mit Feder und Tinte - Ein Haus in einer Geisterstadt

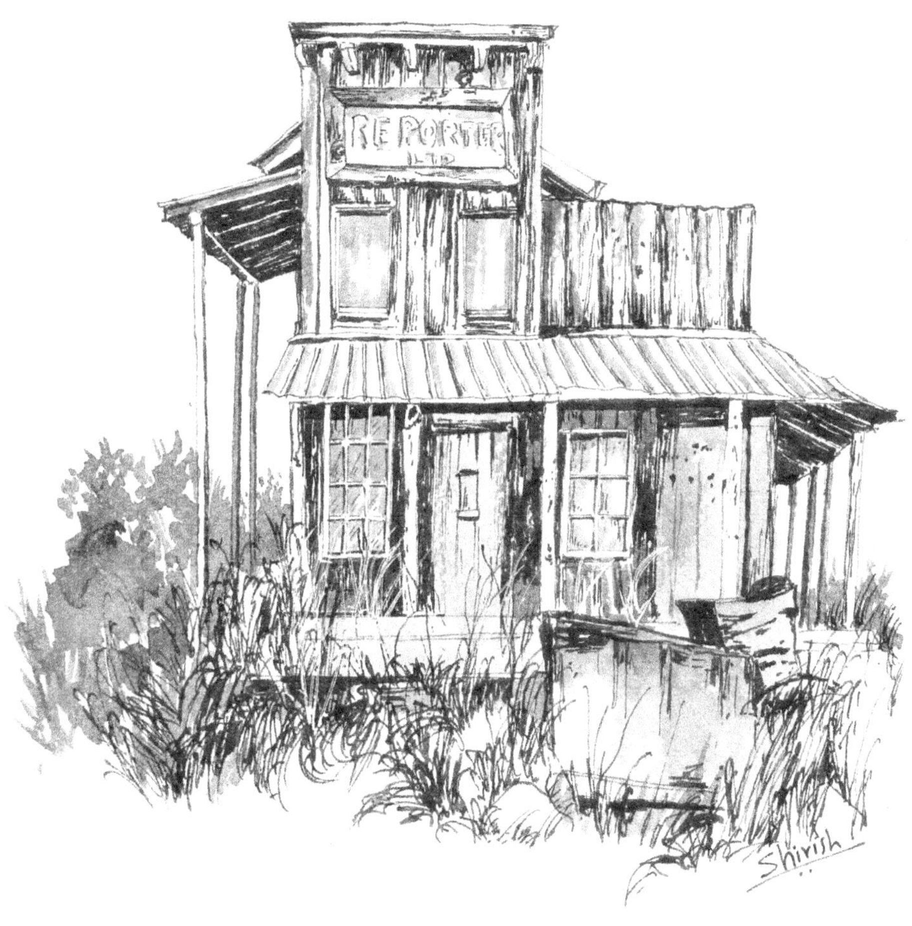

Verwenden wir das folgende Referenzfoto, um die obige Skizze mit Feder und Tinte zu zeichnen. (Originalfoto von Yann Allegre aus Unsplash).

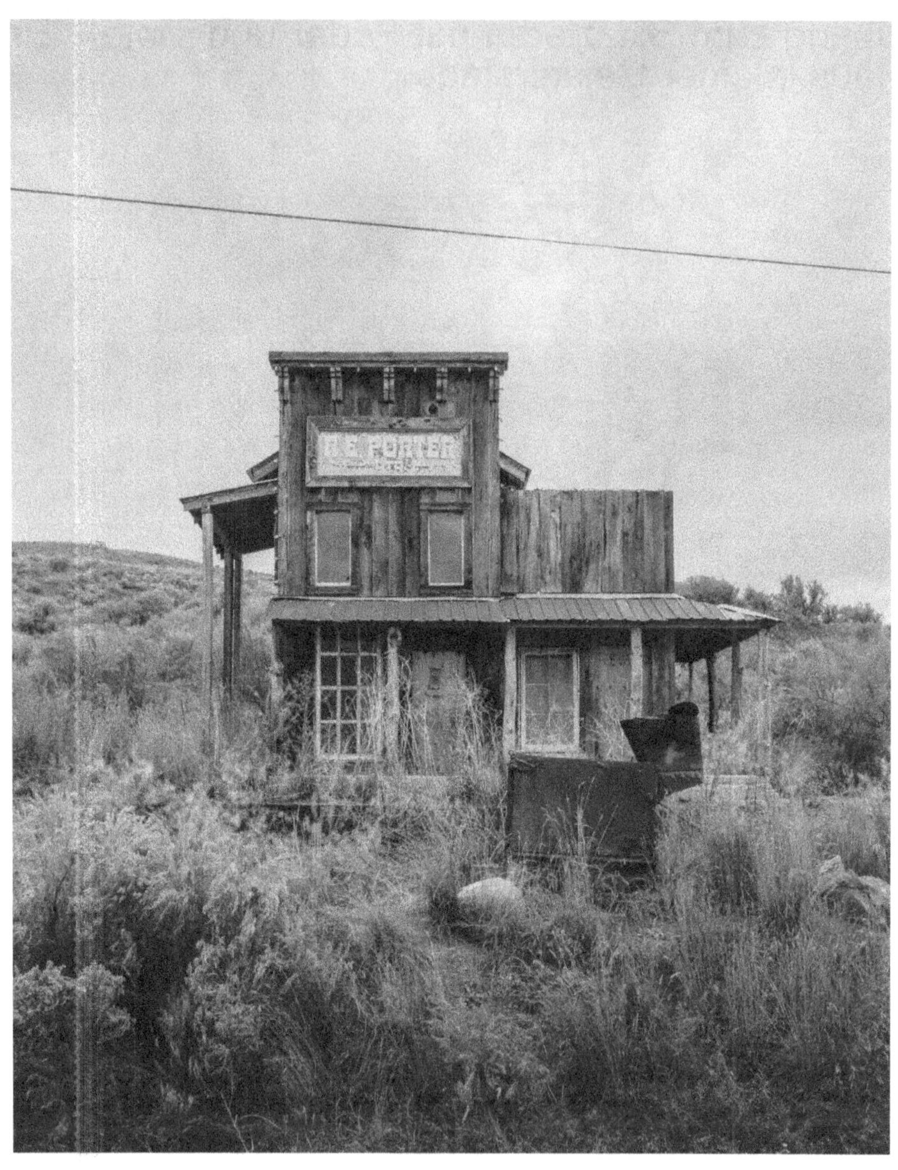

Eine Sache gibt es zu beachten:

Ich habe nicht alle Elemente des Referenzfotos in die endgültige Skizze aufgenommen. Der hängende Draht oben, das überschüssige Blattwerk unten und die umliegenden Hügel fehlen in der endgültigen Skizze.

Wenn du eine Skizze zeichnest, kannst du selbst entscheiden, was du einbeziehen und was du weglassen möchtest. Daran gibt es nichts Richtiges oder Falsches.

Auf dem Bild oben siehst du das Originalfoto in ein 3x3-Raster unterteilt.

Das hat nichts mit der Drittelregel zu tun. Das Hauptthema dieses Bildes, also das Haus, ist in der Mitte des Bildes präsent. Die Drittelregel wird hier also nicht angewendet.

Das Raster dient lediglich unserem Verständnis der Platzierung der verschiedenen Elemente im Bild. Du kannst diesen Schritt überspringen, wenn du mit dem freihändigen Zeichnen vertraut bist.

Das folgende Bild zeigt die erste Skizze des Umrisses. Du musst in diesem Stadium nicht super genau sein. Zeichne zunächst eine grobe Skizze mit einem leichten Bleistift. Für die groben Skizzen verwende ich normalerweise einen HB-Bleistift.

Halte beim Zeichnen der Bleistiftskizze die Striche dezent, damit sie nach Beendigung der Stiftarbeit leicht ausradiert werden können.

Du kannst einen Ausdruck der Referenzskizze nehmen, die du unter der zu Beginn dieses Kapitels genannten URL findest, und darüberziehen, um die erste Skizze zu zeichnen.

Du wirst feststellen, dass die Linien in dieser Zeichnung nicht ganz gerade sind. Das liegt daran, dass ich sie ohne Verwendung eines Lineals gezeichnet habe.

Dass die Linien nicht vollkommen gerade sind, ist jedoch ein Vorteil in einer Skizze! Diese Linien fühlen sich organischer und interessanter an als die vollkommen geraden Linien.

Beachte, dass der untere Teil des Hauses leer bleibt. Wir werden ihn später im Zeichenprozess durch das überlappende Laub ausfüllen.

Get-Set-Sketch!

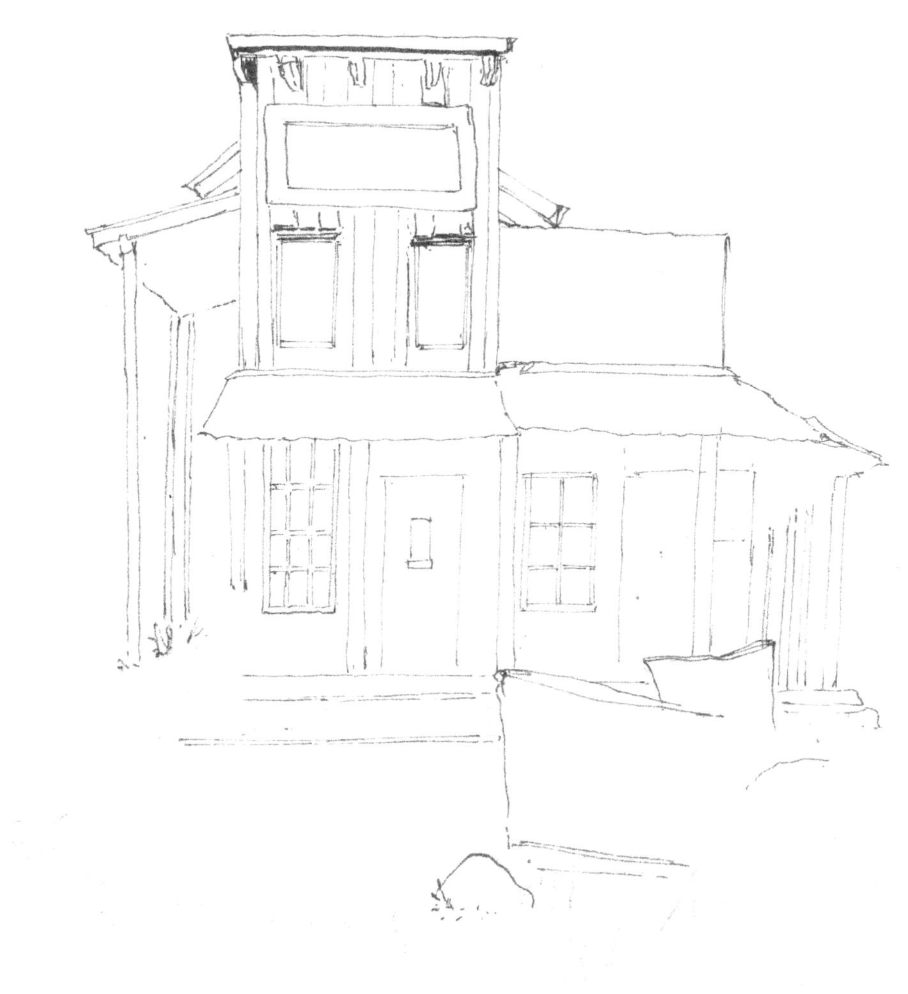

Füge der Skizze dunkle Farbtöne hinzu, wie unten dargestellt. Ich habe einen mit wasserfester schwarzer Tinte gefüllten Füllfederhalter verwendet, um diese dunklen Bereiche auszufüllen.

Du kannst das gleiche Ergebnis erzielen, indem du schwarze Acrylfarbe mit einem Aquarellpinsel oder mit einem schwarzen Pinselstift aufträgst.

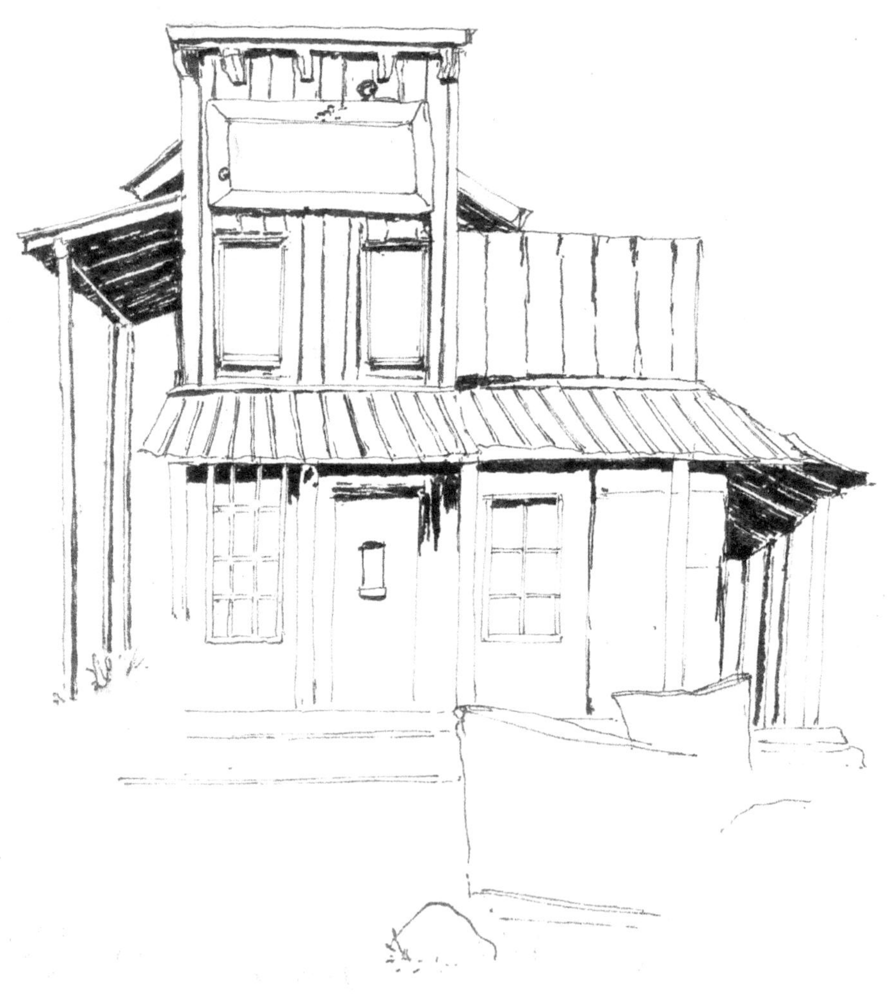

Get-Set-Sketch!

Einige Punkte sind zu beachten:

Beachte die Schatten unter den Schrägdächern der linken und rechten Seite. Siehst du, wie einige weiße Lücken in den dunklen Unterseiten dieser Dächer ausgelassen werden.

Mach diese Unterseiten nicht völlig dunkel. Eine kleine Lichtmenge wird immer von den hervorstehenden Objekten wie den tragenden Holzbalken unter diesen Dächern reflektiert.

Wenn du diese Räume komplett schwarz streichst, werden sie weniger wie Schatten und mehr wie schwarze Löcher aussehen!

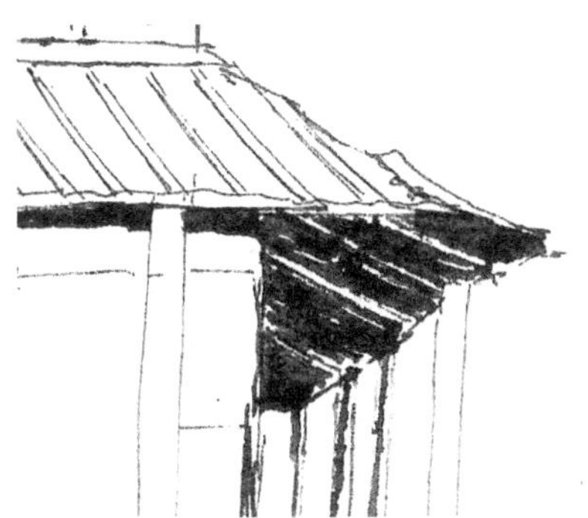 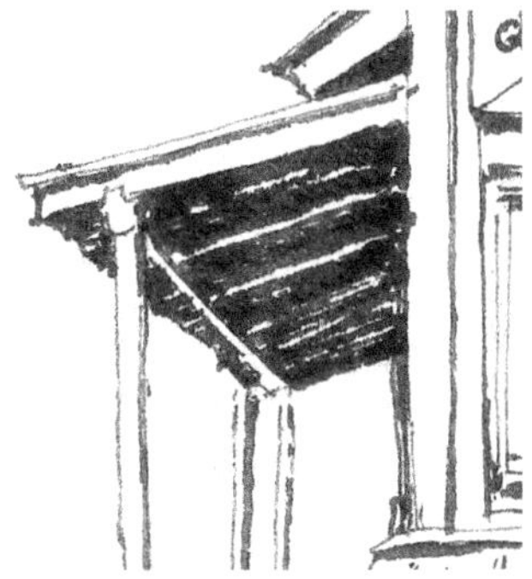

Beachte auch, wie ich den weißen Raum für die Ränder dieser Fensterscheiben im Schatten belassen habe. Dies ist technisch nicht ganz korrekt. Aber als Zeichner können (und sollten) wir uns solche Freiheiten nehmen. Unser Ziel ist es, die Skizze für den Betrachter bzw. die Betrachterin interessant und verständlich zu machen, nicht fotorealistisch.

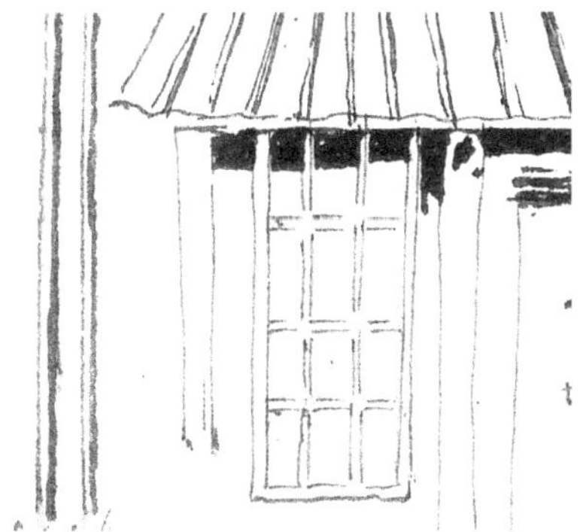

Lass uns einige Texturen hinzufügen. Beachte, wie einige parallele Linien auf den Brettern die holzähnliche Textur erzeugen. Sieh dir die Techniken aus dem Kapitel „Bäume, Gras und Sträucher" an, um solche Holztexturen zu zeichnen.

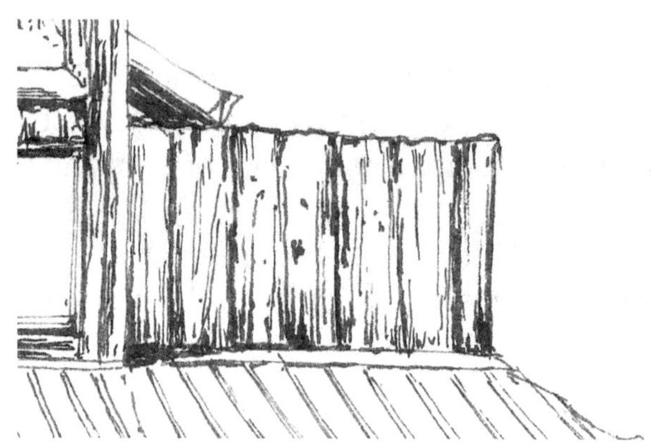

Wenn man einige weiße Stellen in den dunklen Schatten belässt, entsteht auch ein Gefühl von Textur, wie in der Abbildung unten gezeigt. Beachte den Bereich zwischen den beiden Seiten der Tür und den Fenstern.

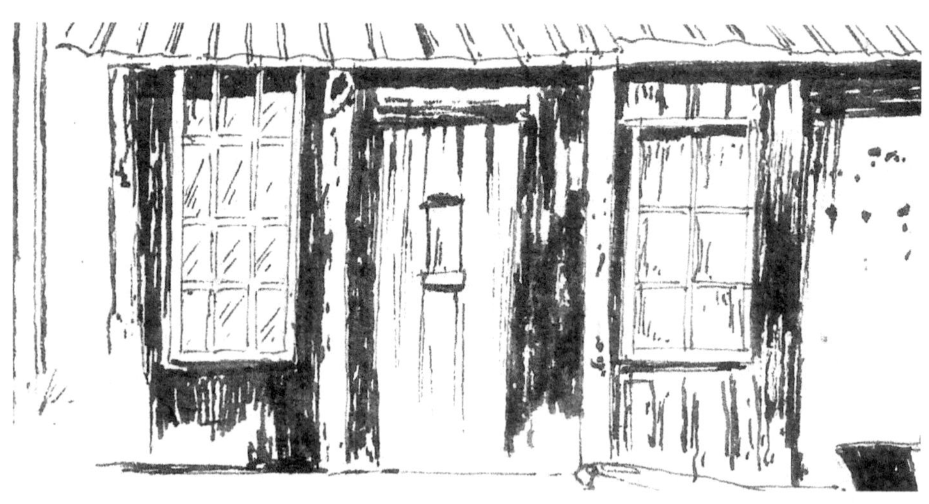

So sieht die Skizze nach dem Hinzufügen von Texturen aus.

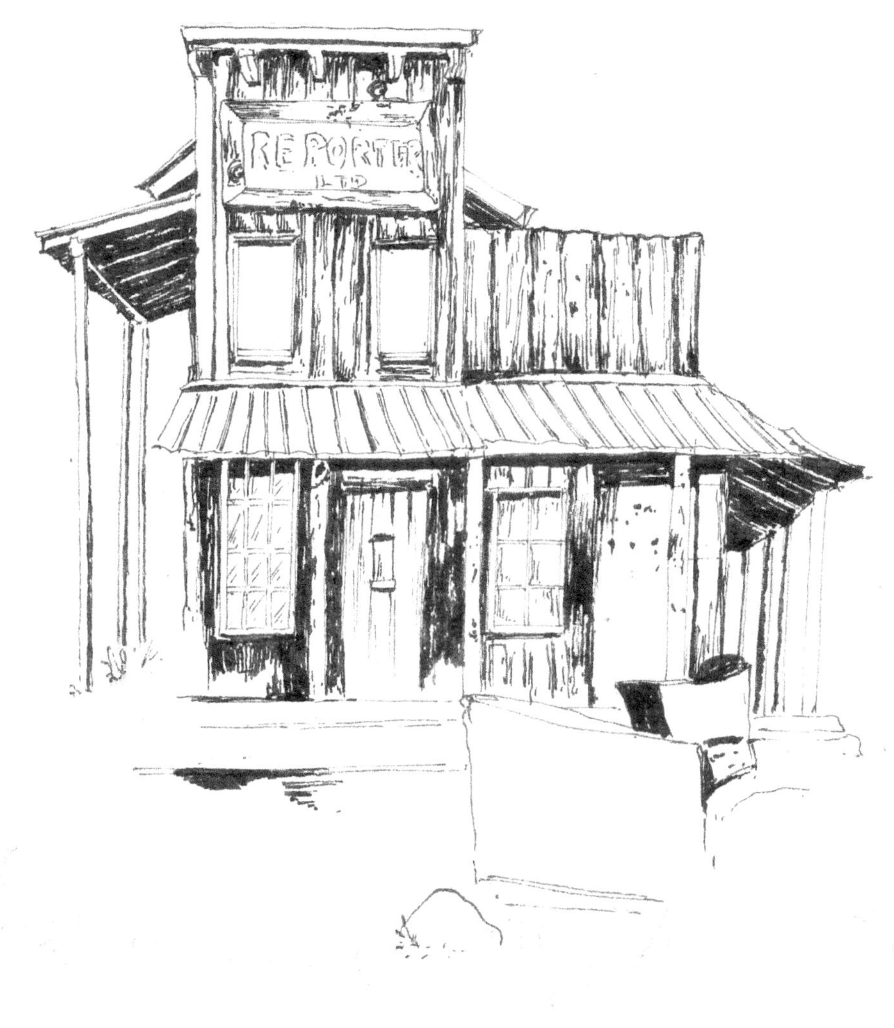

Zeichne etwas Grün, das die Vorderseite des Hauses bedeckt. Meistens ist dieses Grün hohes Gras. Zeichne mit dem Stift vertikale Striche, um diese Grashalme anzuzeigen.

Dies ist Wildgras, kein gepflegter Garten. Die Striche sollten also zufällig und frei sein. Es besteht nicht die Gefahr, hier etwas falsch zu machen.

Achte nur darauf, dass du beim Zeichnen dieser Grashalme nicht zu viele Details des Hauses verdeckst.

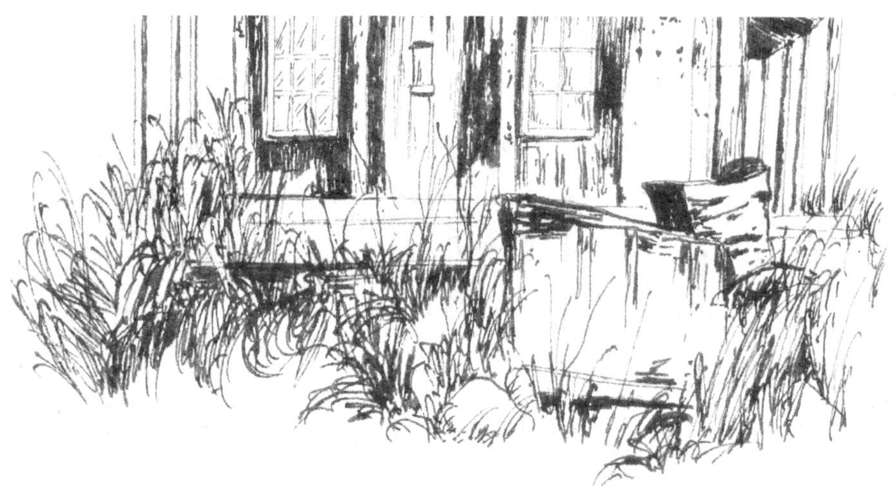

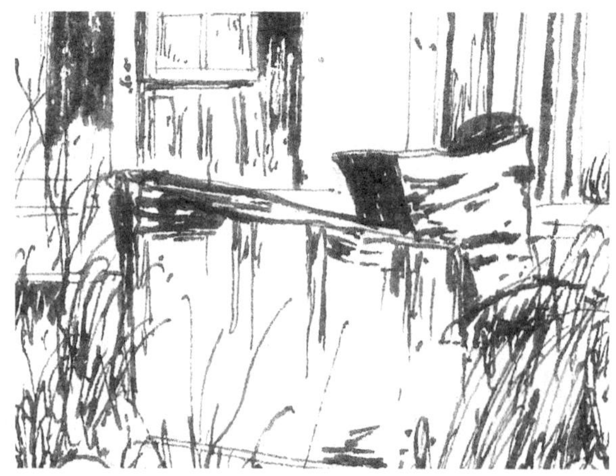

Füge der Maschine vorne rechts etwas Textur hinzu, indem du einige vertikale Striche mit zufälligen Abständen wie gezeigt verwendest.

Get-Set-Sketch!

Es besteht keine Notwendigkeit, dieser Maschine weitere Details hinzuzufügen. Wir wollen die Maschine nicht scharf stellen. Der Fokus sollte immer auf das Hauptthema, nämlich das Haus, gerichtet sein.

Zeichne schließlich noch einige Grashalme, die die Maschine überlappen.

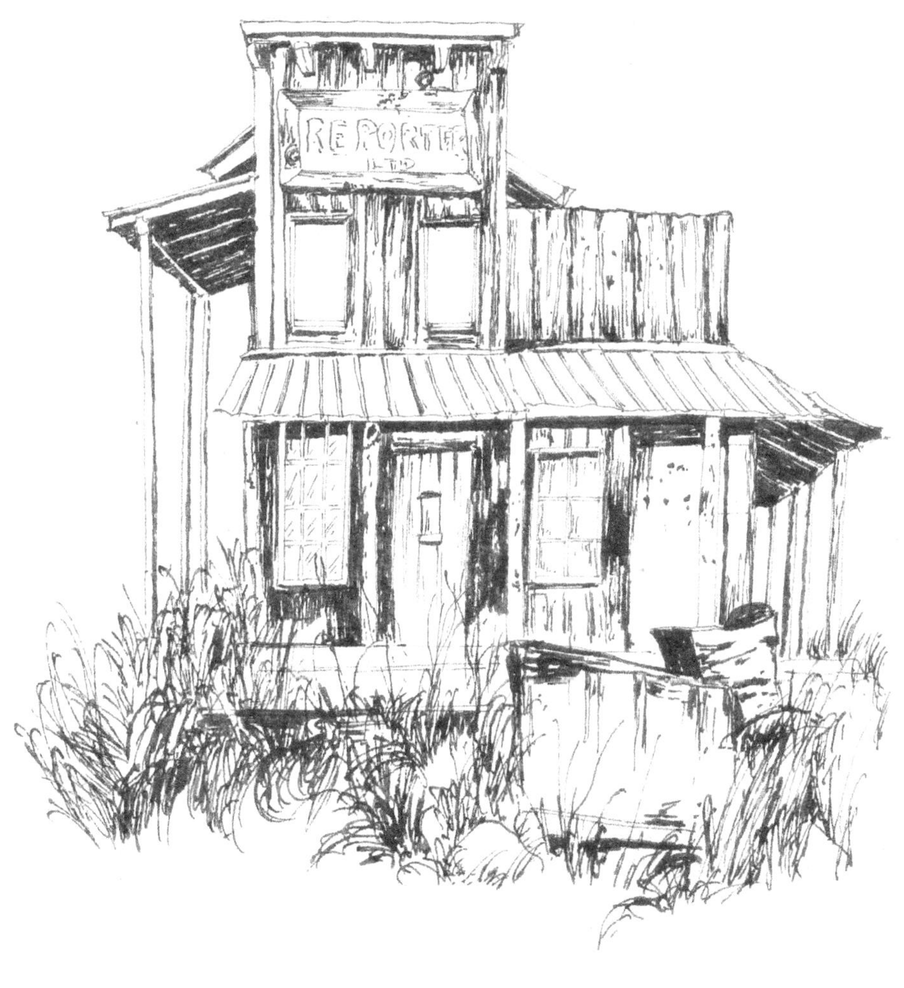

Wir werden jetzt beginnen, mit Grautönen Farbe hinzuzufügen. Du kannst eine dunkle schwarze Tinte in verdünnter Form verwenden oder eine graue, nicht so dunkle schwarze Aquarellfarbe, um Grautöne zu malen.

Zur Schattierung der Skizze habe ich Liquitex-Acrylfarbe (Carbon Black) verwendet. Nach meiner Erfahrung ist diese Farbe nicht so dunkel wie die Sumi-Acrylfarbe, die ich normalerweise verwende. Deshalb verwende ich sie wie eine graue Farbe. Wenn du keine solchen hellen Töne zur Verfügung hast, kannst du einfach eine dunkle Tusche/Aquarellfarbe verwenden, indem du sie mit Wasser verdünnst.

Um die Grautöne und die entsprechenden Texturen hinzuzufügen, tauche ich den feuchten Pinsel in die Tinte. Dann entferne ich überschüssige Tinte, indem ich den Pinsel am Rand des Tintenbehälters abstreiche. Wenn ich mit der im Pinsel verbliebenen Farbmenge zufrieden bin, male ich vorsichtig die Pinselstriche, wobei ich der Richtung des zu malenden Gegenstandes folge.

Wenn du eine dunkle Tinte verwendest, mach den Pinsel mit Wasser nass. Berühre dann mit dem Pinsel leicht die Oberfläche der Tinte in der Flasche. Lass den Pinsel in der Tinte einweichen. Befeuchte den Pinsel erneut mit mehr Wasser. Reib ihn leicht gegen ein Seidenpapier/einen Lappen, um das überschüssige Wasser loszuwerden. Verwende ihn dann zum Schattieren.

Es ist immer besser, die Pinselstriche auf einem rauen Stück Papier zu üben, bevor du die Hauptskizze schattierst. Dieses Übungsstück sollte die gleiche Textur haben wie das Papier, auf dem du die Skizze zeichnest.

Sehen wir uns an, wie die Pinselstriche an den verschiedenen Stellen aufgetragen werden.

 Get-Set-Sketch!

Auf den Brettern werden die Pinselstriche von oben nach unten gezogen, wobei viel Weißraum gelassen wird. Da der Pinsel beim Malen nicht sehr nass war, erscheinen die Pinselstriche gebrochen. Dies führte dazu, dass die Bretter mehr Struktur erhielten.

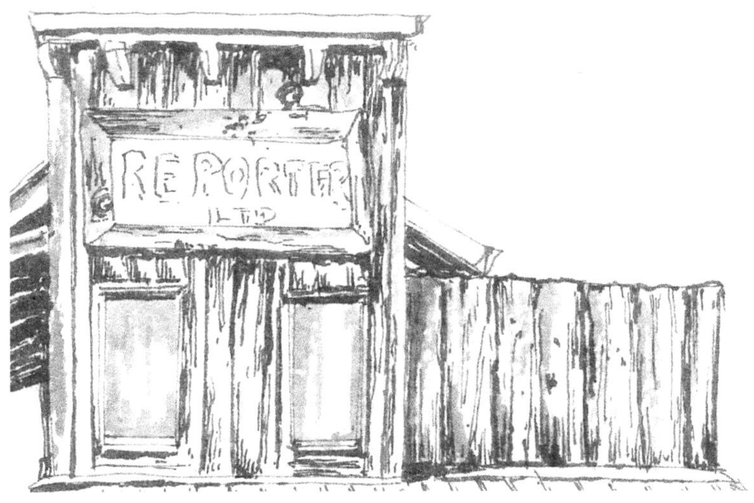

Die Glasscheiben dieser Fenster sind schmutzig und voller Staub. Sie sind also nicht so klar und reflektierend wie ein sauberes Glas. Aber sie haben ein wenig Glanz. Um diesen Glanz anzuzeigen, habe ich auf diesen Fensterscheiben einen weißen Fleck gelassen. Da das Glas glatt ist, gibt es auf ihnen keine anderen Texturen.

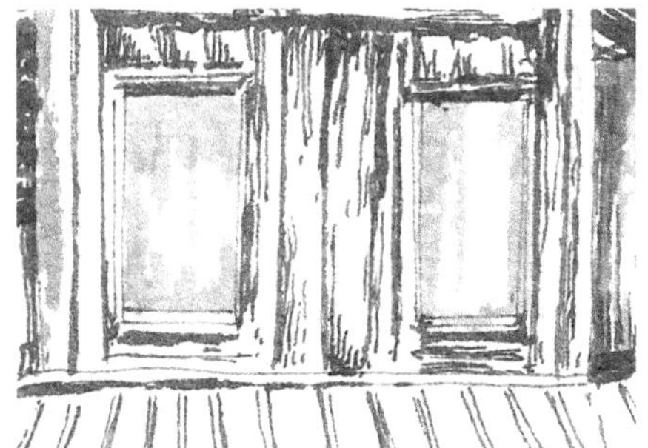

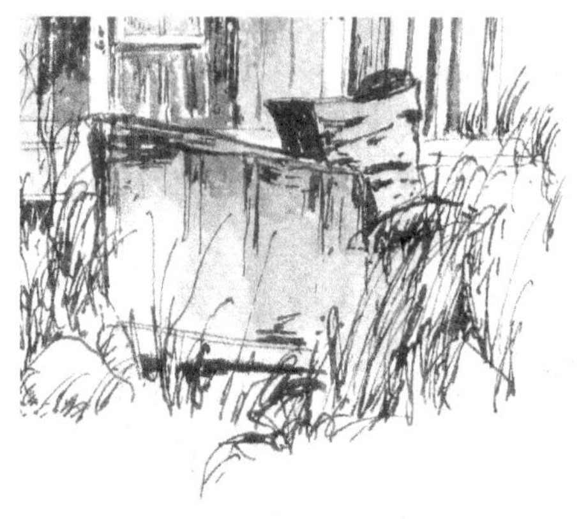

Zum Streichen der Maschine füge einfach Striche von oben nach unten hinzu und lass viel Weißraum. Halte die Schattierung minimal.

So sieht das Haus nach dem Hinzufügen der Grautöne aus.

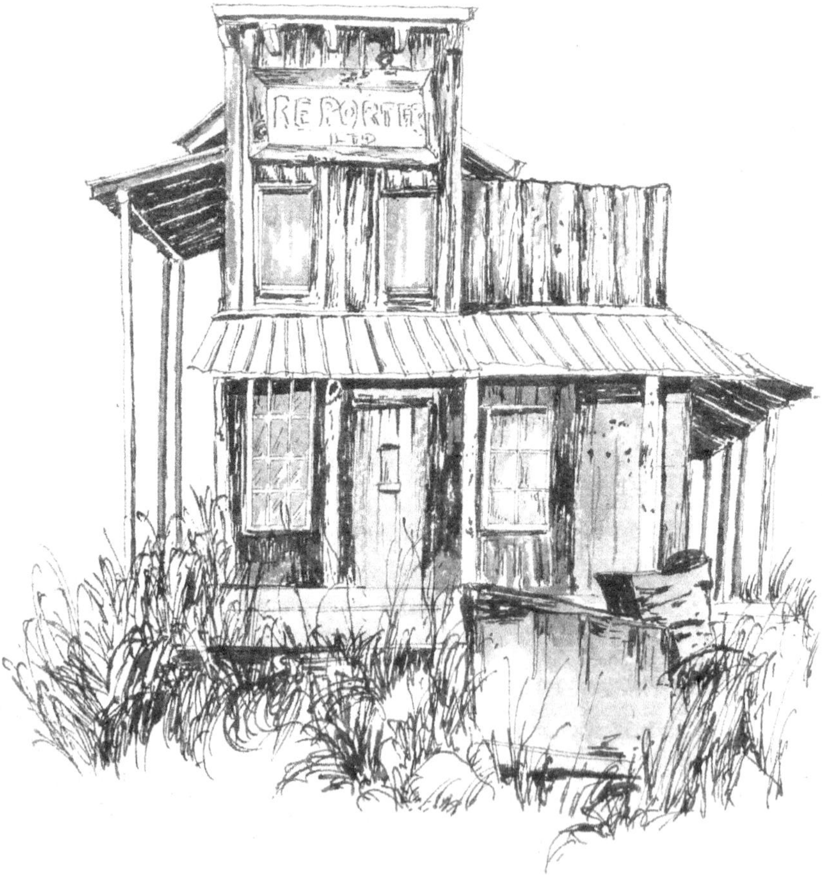

Male dunkle Schatten mit Tinte in das Blattwerk. Verwende Grautöne, um etwas Blattwerk im Hintergrund zu malen. Achte besonders darauf, zwischen den Holzpfeilern zu malen. Dadurch wird ein Gefühl von Tiefe erzeugt. Wenn zwischen den Säulen nur ein leerer Raum ist, könnte der Betrachter oder die Betrachterin sogar denken, dass dieser Raum eine weitere Wand ist!

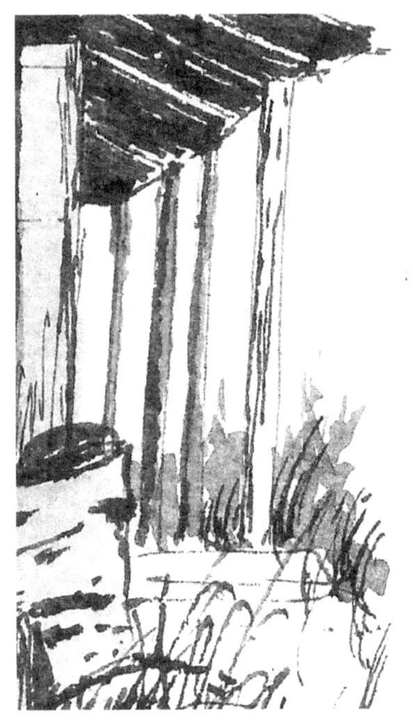

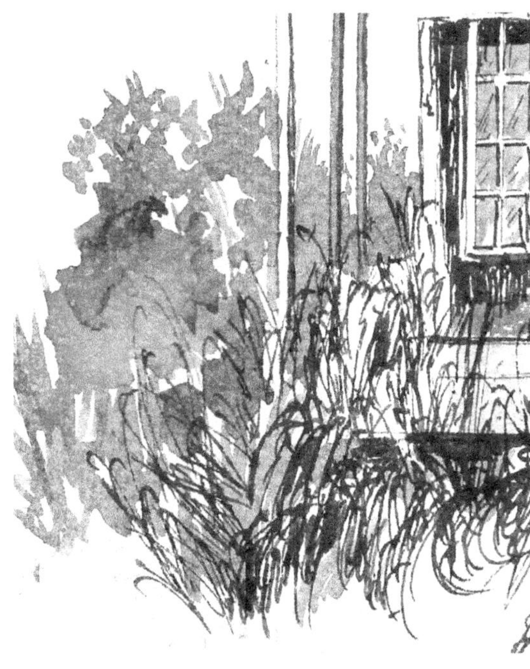

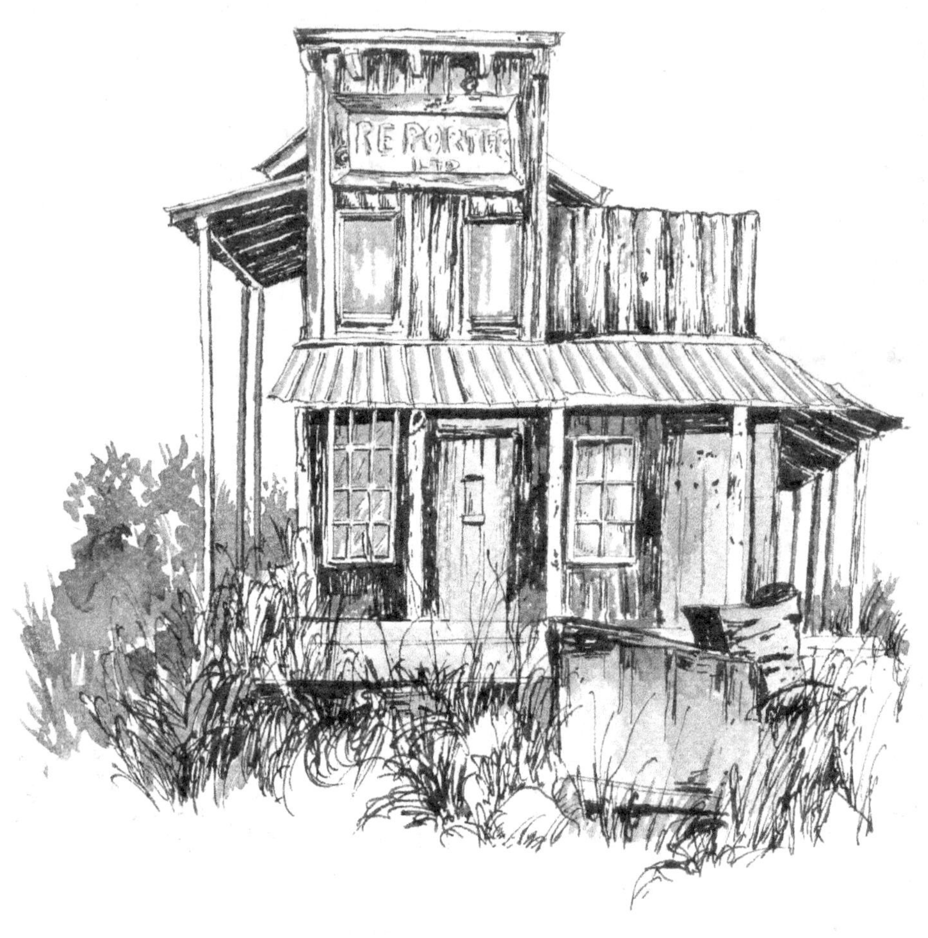

Verwende einen weißen Kugelschreiber/Gelstift, um Grashalme dort zu zeichnen, wo sie sich mit dem dunklen Hintergrund überlappen. Dadurch werden sie visuell vom Hintergrund abgehoben.

Füge nun noch den gewünschten Feinschliff hinzu, und die Skizze ist fertig!

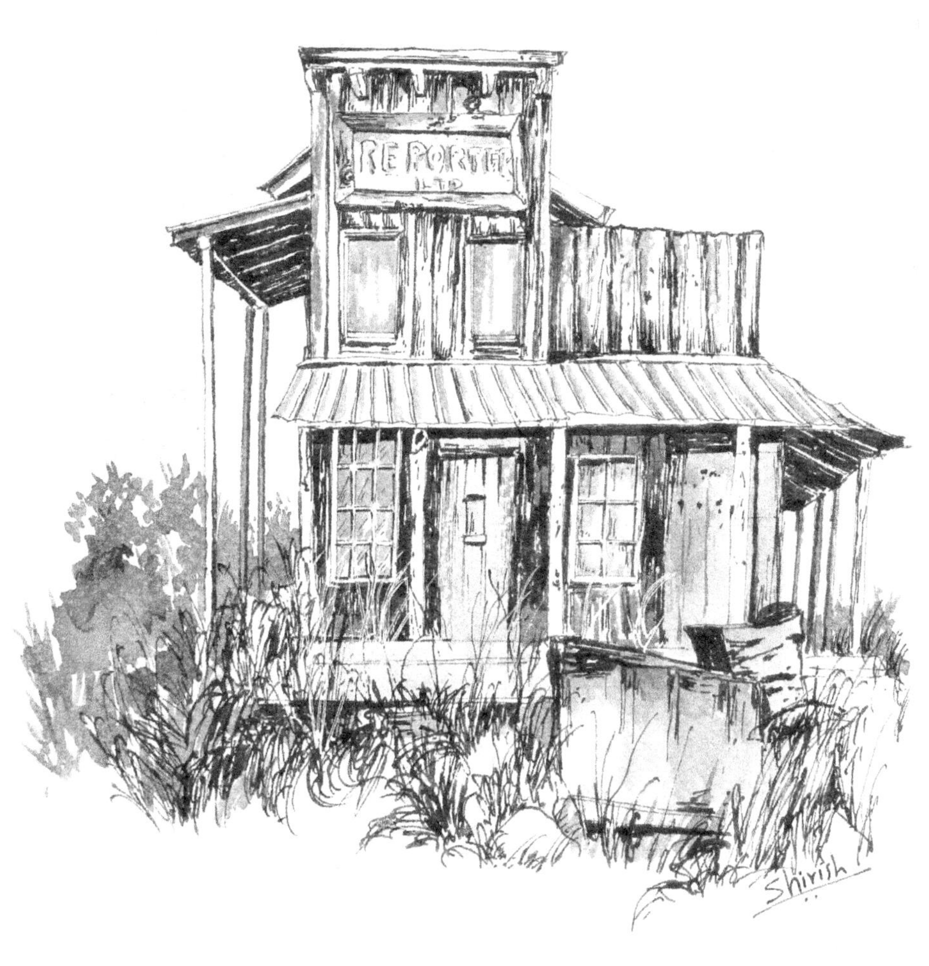RE PORTER
LTD
Shirish

Bereit für etwas Farbe?

Wenn du deine Reise in die Welt der Farben beim Skizzieren fortsetzen möchtest, ist „Skizzieren mit Stift, Tinte und Aquarell - Lerne das Zeichnen und Malen von außergewöhnlichen Illustrationen in 10 Schritt-für-Schritt-Übungen" der perfekte nächste Schritt für dich.

Die Unvorhersehbarkeit des Aquarells war für viele Menschen schon immer die Haupthürde für dessen Verwendung. In diesem Buch lernen wir, uns diese Unvorhersehbarkeit zunutze zu machen, die glücklichen Zufälle zu feiern und das Aquarell mit Stift und Tinte zu verblüffenden Illustrationen zu kombinieren.

Weitere Informationen findest du hier:
https://www.huesandtones.net/books-de/

Get-Set-Sketch!

SKIZZIEREN MIT STIFT, TINTE UND AQUARELL

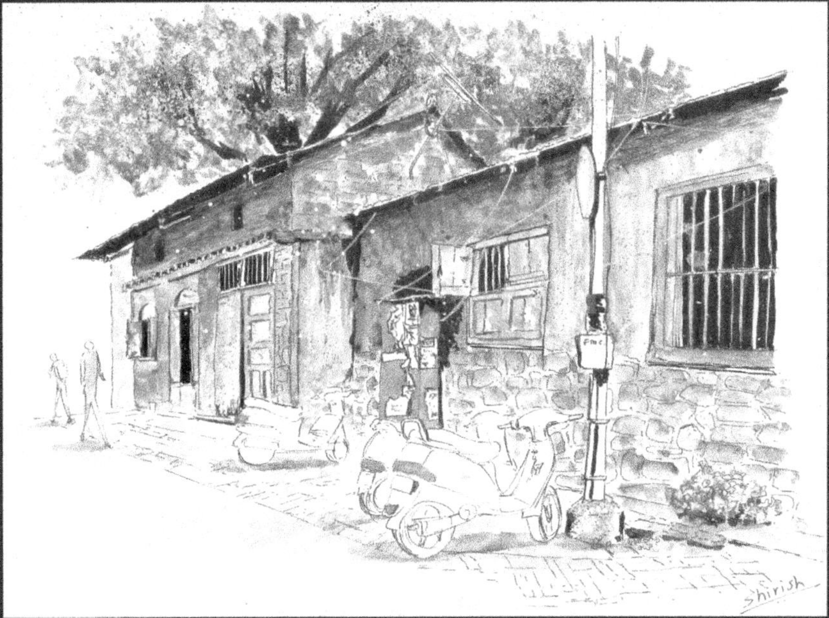

Shirish Deshpande

Bereit für eine neue Perspektive?

Komposition und Perspektive sind entscheidende Faktoren beim Zeichnen realistischer Skizzen. Sie sind wie die Gewürze und das Salz in einem exotischen Gericht. Niemand bemerkt sie als separate Zutaten in einem Gericht. Aber jeder merkt, wenn sie fehlen!

Das Hauptproblem der meisten perspektivischen Bücher ist jedoch, dass sie zu technisch sind und sich auf die architektonische Perspektive konzentrieren. Wenn man sich zu sehr auf technische Dinge konzentriert, verliert man die Spontaneität in einer Skizze, die aber gerade eine gute Skizze ausmacht.

Also habe ich meine eigene Methode entwickelt, um mit einer genauen Perspektive zu zeichnen und gleichzeitig die Lebendigkeit der Skizze zu erhalten.

Alle meine kompositorischen und perspektivischen Geheimnisse zum Zeichnen schöner, ausdrucksstarker Skizzen teile ich in meinem Buch „Komposition und Perspektive".

Weitere Informationen findest du hier:
https://www.huesandtones.net/books-de/

KOMPOSITION und PERSPEKTIVE

SHIRISH DESHPANDE

KOSTENLOSE VIDEO-SCHULUNG

Du kannst mir bei der Anwendung der Schattierungstechniken mit Stift und Tinte, die ich in diesem Buch besprochen habe, in den unten aufgeführten kostenlose Kurse zusehen.

Wenn du meine Geschwindigkeit beim Skizzieren zu langsam findest, kannst du die Videos auf ein Tempo beschleunigen, mit dem du dich am wohlsten fühlst.

Die Zwillingsbäume – Techniken zur Schattierung mit dem Stift

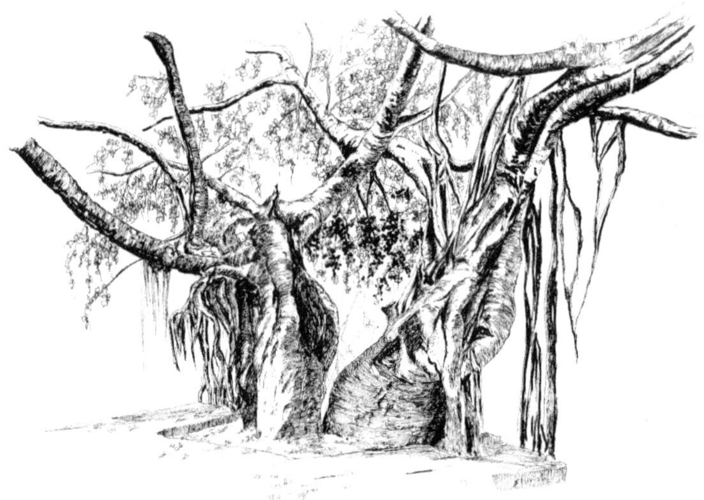

Klicke auf den folgenden Link (oder verwende den QR-Code unten), um zuzusehen:

https://huesandtones.net/twintrees/

BEVOR WIR UNS TRENNEN...

Jetzt, da wir so viele Möglichkeiten des Skizzierens kennengelernt haben, ist es an der Zeit, diese anzuwenden und deine eigenen Skizzen damit zu erstellen.

Auf den nächsten Seiten findest du einige Skizzen zu deiner Inspiration. Es gibt noch viel mehr Themen, die mit Stiften und Tinten gezeichnet werden können. Allerdings konnten nicht alle in einem einzigen Buch behandelt werden.

Ich verspreche jedoch, dass ich bald mit mehr Büchern zu weiteren Themen zurückkommen werde.

Ich würde mich sehr darüber freuen, von dir zu hören. Wie hast du dieses Buch gefunden? Welches der zusätzlichen Themen rund um das Skizzieren mit Stift und Tinte möchtest du in naher Zukunft sehen?

Ich würde mich auch darüber freuen, die Kunstwerke zu sehen, die du nach dem Lesen dieses Buches geschaffen hast.

Danke fürs Lesen und frohes Skizzieren! :-)

INSPIRATION

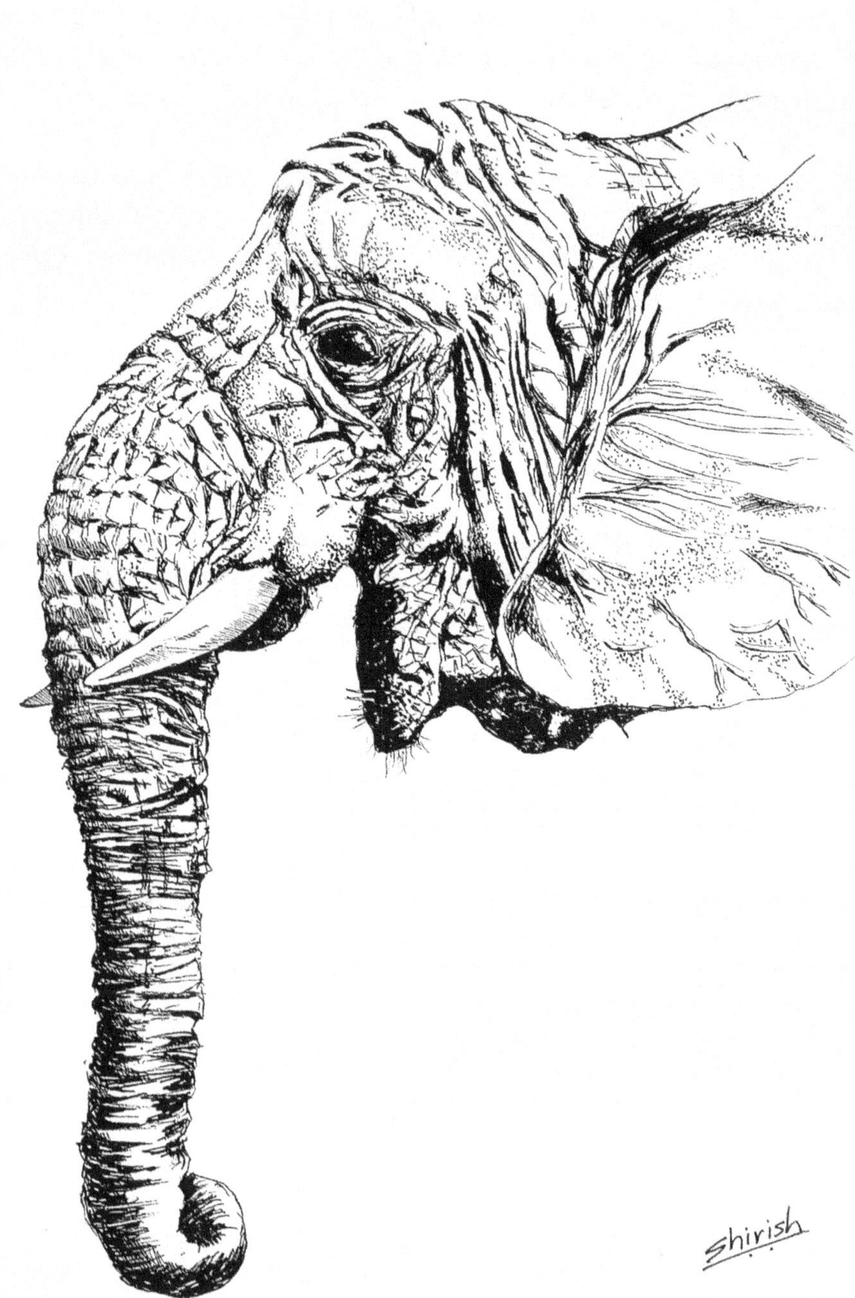

Get-Set-Sketch!

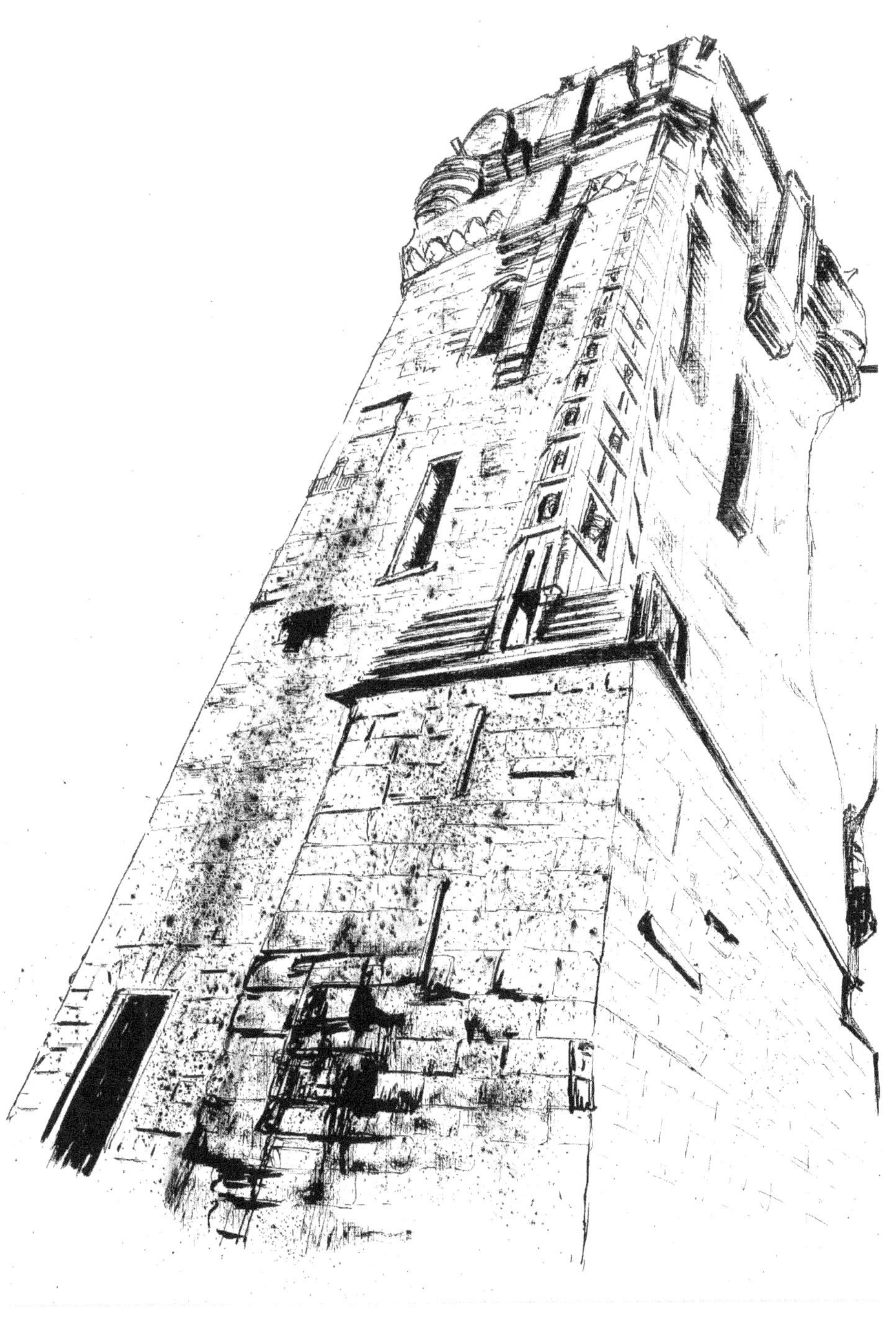

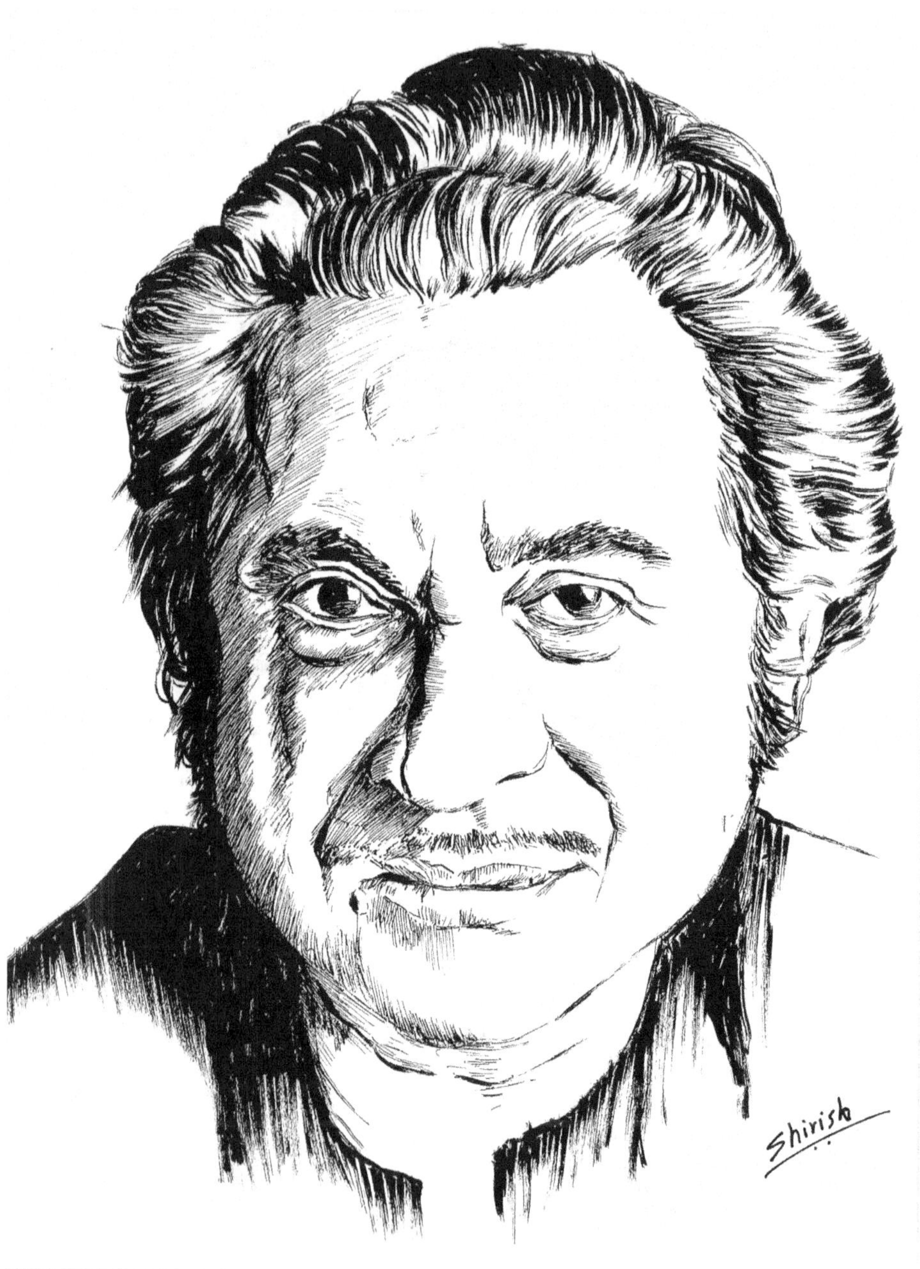

Get-Set-Sketch!

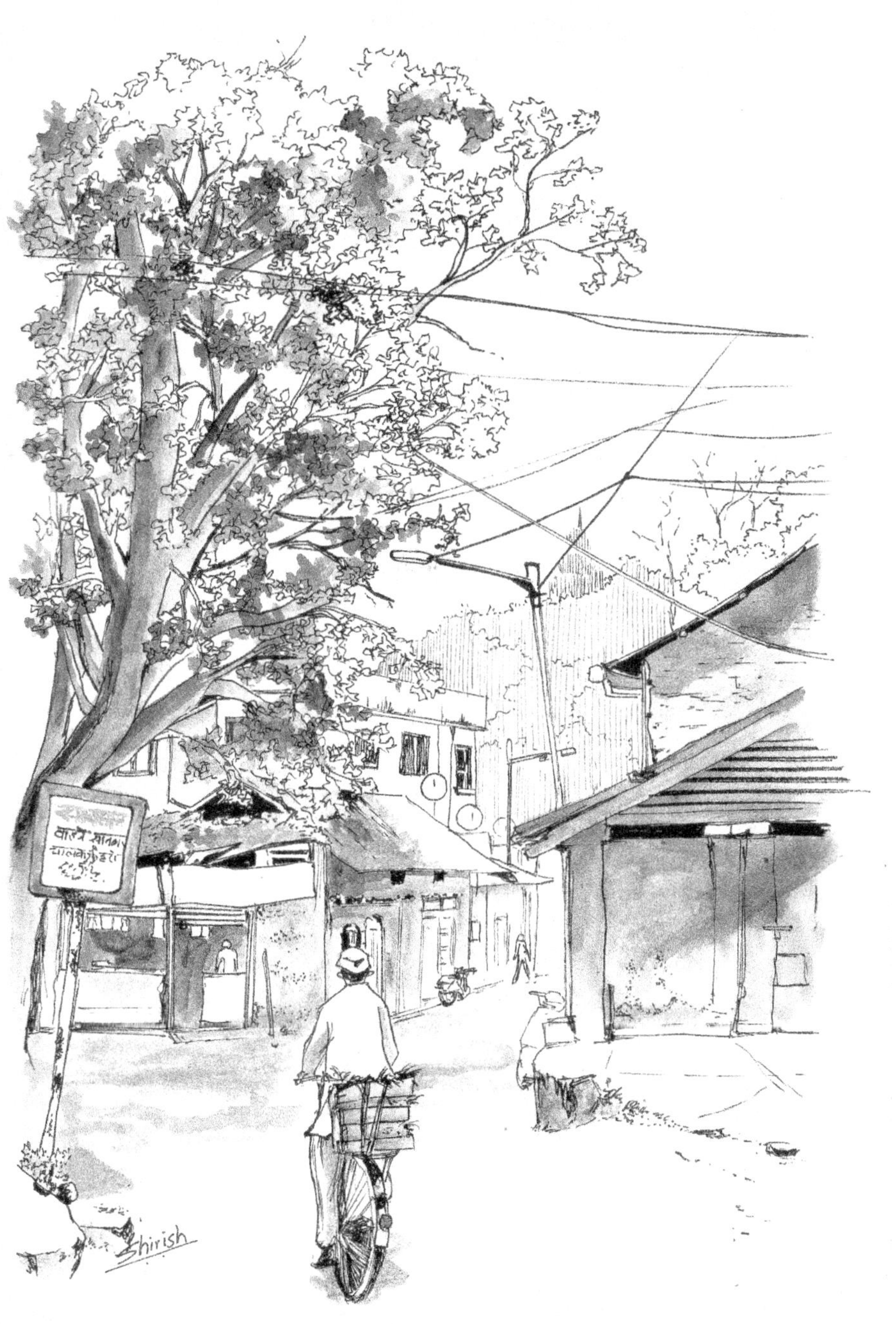

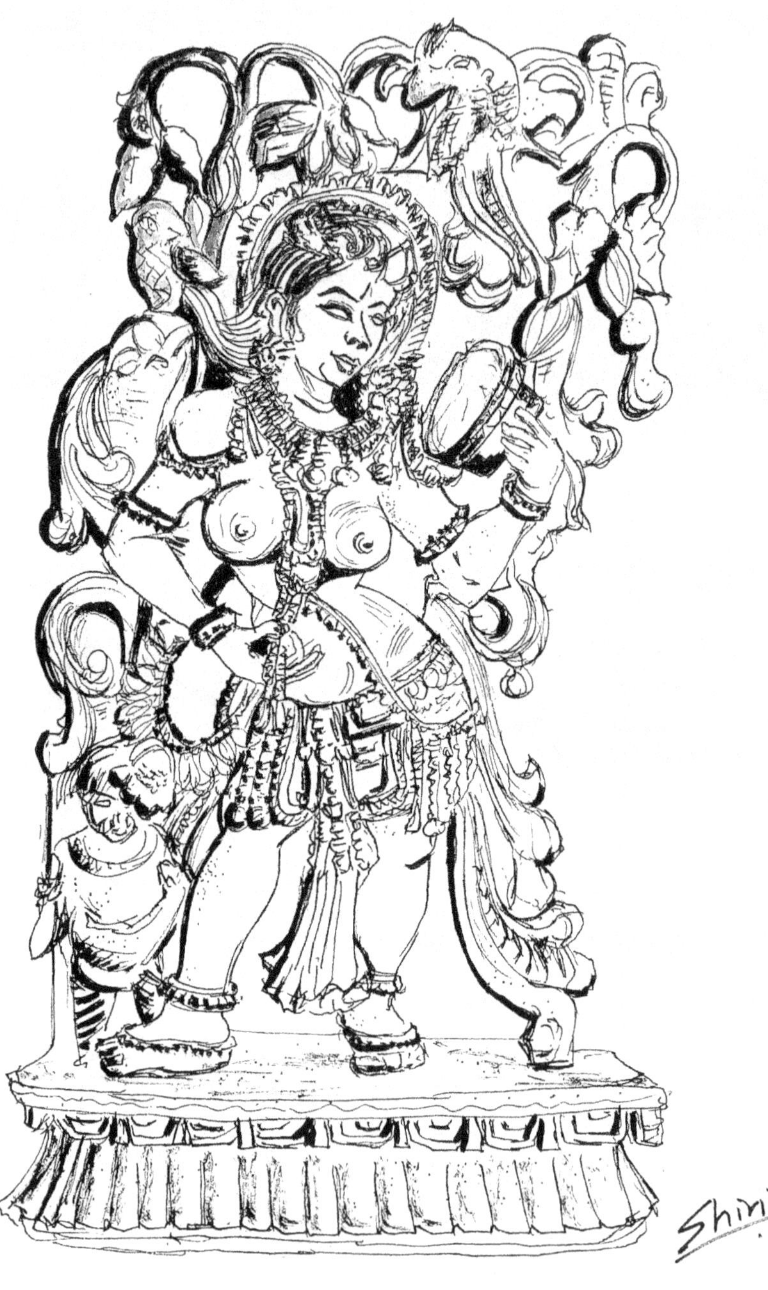

Get-Set-Sketch!

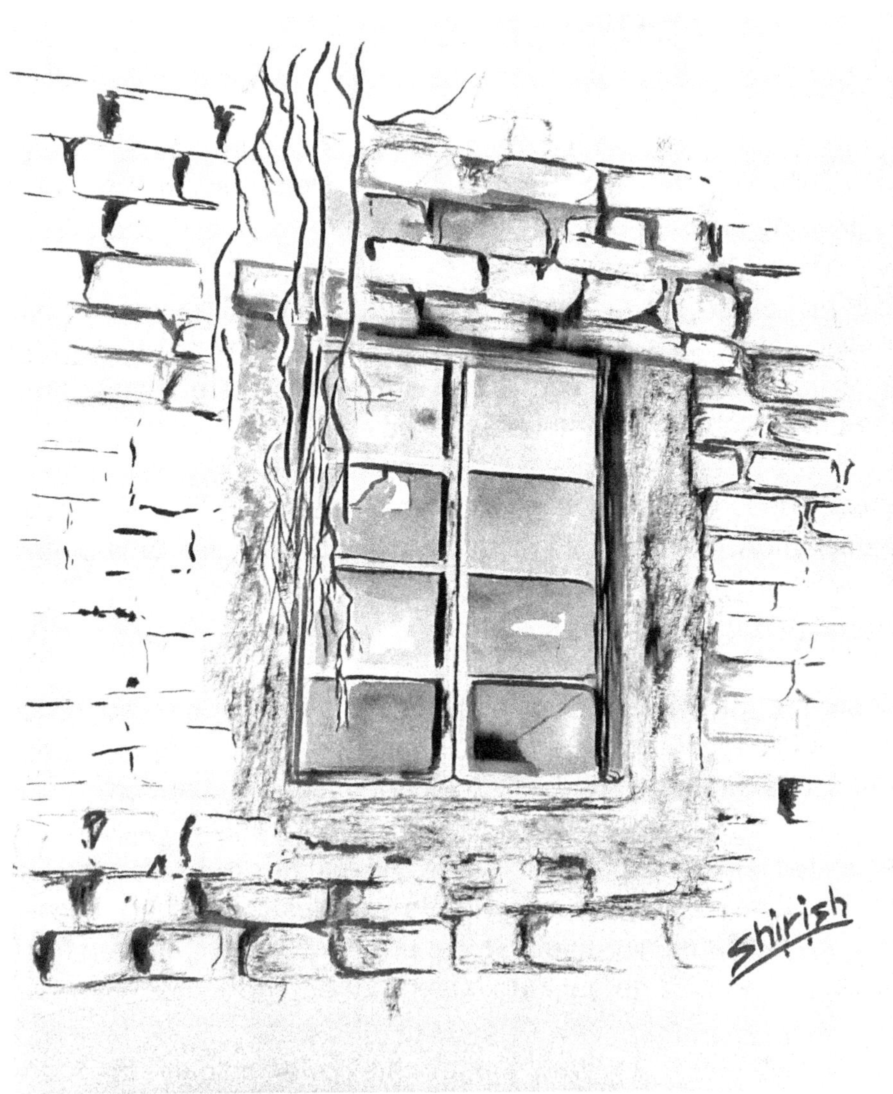

ÜBER DEN AUTOR

Shirish ist ein Autodidakt und lebt in einer sehr bevölkerungsreichen Stadt namens Pune, in einem sehr bevölkerungsreichen Land namens Indien.

Shirish ist seit mehr als zwei Jahrzehnten in der florierenden IT-Branche tätig. Aber im Herzen ist er ein Künstler. Skizzieren, Malen und Unterrichten von Kunst ist Shirishs erste, zweite und dritte Leidenschaft (nicht unbedingt in dieser Reihenfolge!).

Shirish beschäftigt sich mit verschiedenen Themen wie Landschaften, Portraits, Figurstudien und Abstracts. Er arbeitet mit verschiedenen Medien wie Stift & Tinten, Aquarellen, Ölen, Acrylfarben und Sprühfarben.

Shirish hat an vielen Kunstausstellungen teilgenommen, und seine Skizzen und Gemälde befinden sich in privaten Sammlungen in Indien und verschiedenen anderen Ländern.

Shirish hat einige sehr erfolgreiche Videokurse auf Udemy.com und SkillShare.com veröffentlicht, die er selbst produziert. Diese Kurse haben Tausenden von StudentInnen weltweit geholfen, die Feinheiten des Skizzierens und Malens zu erlernen.

Shirish hat eine so unerschöpfliche Leidenschaft für den Kunstunterricht, dass er diesen in der jüngsten Vergangenheit in vielen Formen manifestiert hat, darunter Live-Workshops, Video-Trainings und jetzt in Form dieses Buches.

Get-Set-Sketch!

Email: shirish@huesandtones.net
Website:
https://www.HuesAndTones.net

Andere Bücher von Shirish

https://www.huesandtones.net/books/

Videokurse:

https://www.huesandtones.net/courses/

Youtube:

https://www.youtube.com/c/huesandtones

Melde dich für meinen Newsletter an und erhalte die E-Book- und druckfähige PDF-Version meines Malbuchs „Dystopian Encounters - Wave 1" (English) *absolut kostenlos!*

Du erhältst auch eine praktische PDF-Anleitung zu den Materialien für Stift- und Tintenskizzen. Lass dir meine exklusiven Skizzen- und Maltipps direkt in dein Postfach liefern.

(Ich werde weder deine Mailbox spammen noch deine E-Mail-ID mit jemand anderem teilen, versprochen).

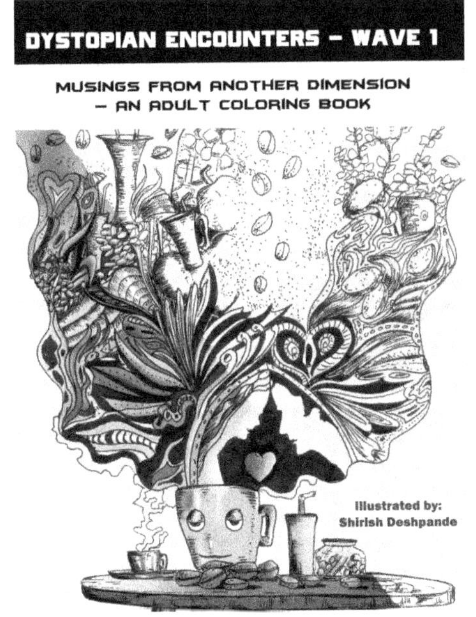

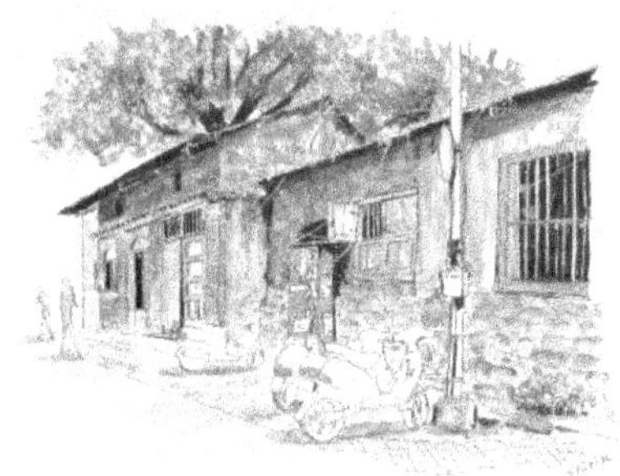

Get-Set-Sketch!

Pinterest:

https://in.pinterest.com/sd2313/

Kunstgalerie:

https://www.huesandtones.net/artgallery/

DANKSAGUNG

Ich bin meiner Frau Aparna sehr dankbar, die mich in all meinen künstlerischen Bemühungen und Exzentrizitäten stets begleitet, ermutigt und toleriert.

Ich bin den folgenden KollegInnen, AutorInnen und Kreativen dankbar, die das Buchmanuskript sehr geduldig geprüft und Vorschläge gemacht haben, die die Qualität dieses Buches um ein Vielfaches bereichert haben. Ihr seid unglaublich.

- Sanjeev Joshi
- Preetam Tiwari
- Shamika Nair
- Deepak Satarkar

Vielen Dank, meine Freundin Sabine, dass du mir geholfen hast, die deutsche Übersetzung zu verstehen und mir Zuversicht und Ermutigung gegeben hast, mich für die deutsche Veröffentlichung zu entscheiden.

Vielen Dank an meine Redakteurin Manuela, dass sie das Buch geduldig überarbeitet hat, um es perfekt zu machen.

Fröhliches Skizzieren :-)

HINTERLASSE EIN FEEDBACK

Hast du einen Wert aus diesem Buch gezogen? Hat es dir Spaß gemacht, es zu lesen?

Wenn ja, würdest du bitte eine Rezension hinterlassen?

Die Rezension wird dazu beitragen, dass dieses Buch mehr LeserInnen weltweit erreicht und ihnen hilft, die Erfahrung des Skizzierens mit Stift und Tinte wirklich zu genießen.

Schließlich vervielfacht sich die Freude, wenn man sie teilt, richtig? :-)

Im Folgenden erfährst du mehr über mich und meinen Aufenthaltsort im Cyberspace. Du bist herzlich dazu eingeladen, mir Vorschläge und Ideen für nächste Bücher zu schicken.